乾偉典藏

二〇〇一年八月十三日

1901年六月二十三日
梁寅年 世友

因明入正理論 上

導讀

《因明》是佛家的邏輯學，為五明之一。
意指舉出理由而行論證之論理學。
本書作者商羯羅主，因陳那所著《因明正理門論》深奧難解，
故簡明綜括上書要旨，並加入自創論說而成此書，
使因明學的要義與文辭更為通暢、易讀，
此書實可做為後學入於因明正理之指南。

主編 談錫永
導讀者 李潤生

24

佛家經論導讀叢書

目錄

第二篇：釋正文……147

卷首語

近年捐資印贈佛經的人多，而能讀佛家經論的人卻少。近年演繹佛學的著作譯作亦多，只是能引導讀者有系統地讀經論的叢書則未見。爲此，同人等發願，精選佛家經論若干種，編成叢書出版，小乘大乘，空宗有宗，顯乘密乘，規模略具。

光是選印佛經，即雖精心選註，對今日的讀者恐怕益處亦不大。尤其是一些不能讀經論原文的讀者，他們僅靠讀近人的著述來瞭解經論大義，甚容易僅能得一偏之見，因此，便須要指導他們怎樣去讀經論，令其能親自體會經論的法味。這總比靠間接傳播，所領略者爲深刻。此亦猶家廚小炒，終比名廚製作的罐頭好味。

是故「導讀」之作，除註釋或講解經論外，最重要的，還是指出一經一論的主要思想，以及產生這種思想的背景，同時交代其來龍去脈，即其啓發承先的作用。讀者循序而入，便當對佛學發展的脈絡瞭然，亦能體會佛說一經的用意，菩薩演繹一論的用心所在。

《佛家經論導讀叢書》總序

一

讀佛家經論，困難的地方不在於名相，而實在於領略其旨趣。若得其旨，開卷便覺終身受用；若不得其旨，則雖誦經終身，開卷終覺茫然。

經論有不同的旨趣，衍生成不同的宗派，實由於行者根器不同、修持不同之故。印度晚期，將此歸納爲四宗部，而修持次第則分爲九乘，這已成爲藏密寧瑪派的傳統。若根據這傳統來讀經論，在領略經論意旨方面，會容易一些，也能深入一些。

本叢書的編輯，實亦根據此傳統。且依古代論師的善巧方便，先依唯識抉擇部派佛教的經論，再依中觀應成派抉擇唯識，最後，則依了義大中觀（如來藏）抉擇應成派。

所以本叢書可視爲橋梁，由此即能過渡至《寧瑪派叢書》，領略寧瑪派九乘次第的根、道、果意趣。亦即由小乘的止觀修習，依次第而至「大圓滿」的修習，皆須知其根、道、果，然後始可修持。

二

依寧瑪派的觀點，一切經論實爲了修持的見地而建立。也可以說，無論那一次第的修持，都必須以經論作爲見地。這見地，也即是修持的根；其所修持，即便是道；修道的證量，也就是果。

因此，本叢書所收的經論，實爲各修持次第的根。其重要性，亦即在於此。

指出這一點，非常重要。近代佛教學者接受了西方的治學方法，喜歡用「發展」這一觀點來處理一個系統的學術，因此便將佛家經論視爲一系列的「思想發展」。然而這樣做，卻實在非常不恰當。

釋尊當日教導弟子，依次第而教，因此開示的理論便亦依次第。但我們卻不能說釋尊於教導「四諦」時不識「十二因緣」；於教導「十二因緣」時不識「唯識」；於教導「唯識」時不識「中觀」；於教導「中觀」時不識「如來藏」。因此，我們不能說這種種學說，實由「發展」而來，而非釋尊的次第說法。

是故各種不同的佛家見地，只有傳播的先後差別，而非由一個思想，發展成另一個思想。也可以這樣說，只能有「佛家思想傳播」的歷史，絕對不可能有「佛家思想發展」的歷史。若說「發展」，有墮爲謗佛的危險。

由是讀者須知，佛家經論實爲由上向下的建立，而非由下向上的發展。

由上向下建立理論，是爲了實修的需要。我們喜歡說證空性，但如何去證空性呢？那就非依次第修持不可，那就需要由上向下建立各次第的根。

指出各次第的根，其旨趣何在，即是編輯這套叢書的基本觀點。

三

理解佛家經論，必須由實際修持着眼。若離修持去理解，則必生疑惑。以《入楞伽經》爲例。倘離實修，則會覺得其不純，既非純說「唯識」如《解深密經》等，亦非純說「如來藏」如《如來藏經》等。筆者當年即持此疑，向敦珠法王無畏智金剛尊者請開示。法王只答一句：「《楞伽》說菩薩的心識，但菩薩亦由凡夫起修，是故便亦說凡夫的心識。」筆者即因法王這一句開示，才得叩開「如來藏」的大門，建立「了義大中觀」見。

蓋佛家一切法門，無非只是心理改造，由凡夫改造爲聖者，即是法門建立的目的。是故釋迦說「四諦」時，亦說「四諦十六行相」。所謂「行相」，便即是心的行相，也即是心理狀態。凡夫若不知自己在修持時的心理狀態如何變化，實不能稱爲修持。

《楞伽》說「如來藏藏識」，即是「聖凡心理狀態」的分析。那實在是爲實修作指導，而非建立一種思想。如是理解，即知《楞伽》並非不純。同時亦可明白，當年達摩尊者何以只傳「四卷楞伽」以印心。「印心」者，即是洞悉自己的心理狀態變化，那就是修持。

舉此一例，即知經論不是純理論的建立。本叢書的編輯，即以實際修持爲着眼點，期望能因此而令讀者知道經論並非知識。若視之爲知識，則釋尊已說之爲「說食不飽」。

四

西元一九九二年，唯識大師羅時憲教授在香港，筆者在夏威夷，遙隔萬里，志趣一如，因有編纂本叢書之意念。經論多由羅公選定，導讀者亦由羅公圈定，羅公並委筆者爲主編。於西元一九九三年中筆者返香港，籌集資金，編輯出版，終能於羅公往生前，完成叢書三冊，而整套叢書則於一九九七年中殺青。前後經營四年，總算未負羅公之所託。

然而當日限於客觀條件，叢書的內容及版式均未如理想，且編排次第參差，實爲憾事。今既出修訂版，則內容版式及次第均有所修改，此實爲全佛文化事業有限公司助成之功德。羅公於彌勒座前，當歡喜讚嘆。

乃爲之頌曰——

文字原非障　實為修道根
所修亦不執　次第斷毒塵
是故佛所證　喻為金剛心
頂禮諸聖衆　灑我以甘霖

西元一九九八年農曆四月於圖麟都

談錫永

別序

「因明」是佛家的邏輯學。

在印度，與佛家同時，還有許多其他的哲學流派，在佛經中，將他們稱爲「外道」。外道的邏輯學稱爲「正理」。專門研究邏輯的外道，甚至還發展成爲「正理學派」。

正理學派自稱其祖師爲足目仙人。相傳他於三十三天學習正理，天主帝釋的妃子想勾引他，作出種種媚態，他因此把眼睛移到足底，由是得「足目」之名。

實際上正理學派的成立，是在西元二世紀初，其時佛家正是龍樹及其弟子提婆的活躍年代。龍樹對正理學說不屑一顧，他還寫成《迴諍論》與《廣破論》，專門破斥正理學派。

爲甚麼龍樹會不屑邏輯學呢？

照西藏中觀學者的說法，那是因爲龍樹的思維方式已經超越了邏輯。龍樹所立的「中道」，即是不落任何邊際，亦即是離開了一切相對的概念。邏輯的作用，正用來建立概念，凡概念必有一正一反的相對。這正是龍樹所須要離開的，因此他自然不肯落於邏輯的窠臼。

是故龍樹以及提婆在跟敵論者辯難時，並不採取當時通行的邏輯論議，而是用直截了當的霹靂手段，令敵論者無法運用邏輯來爭辯。

我們不妨舉一個例子——在舉例時，爲了照顧讀者的趣味，已將許多名相通俗化，以免一般讀者給種種名相搞得頭昏腦脹，反而不能體會龍樹的破敵方式。

例如數論師說：一切事物都有他們自己的本質（自性、自相）。爲甚麼呢？因爲一切事物都有共通的本質（一、一性、一相）。

然則，爲甚麼一切事物都有共通的本質呢？因爲他們都由一因所生（如造物主）。

倘如要用邏輯來辯破數論師的說法，可以，然而卻十分之費辭。龍樹的辯破，相對便簡單直截得多。只須問道——

你所說生起萬物的一因，其本質跟萬物相同，還是相異？

如答道：相同。那麼問題就來了。一因的本質若與萬物相同，而萬物又有相同的本質，那麼，你所說的，生起萬物的一因，跟萬物又有何分別？換而言之，人應該也可以去創造大梵天，不一定如你所說，宇宙萬物皆由大梵天創造。

如果答道：相異。那麼，你便在邏輯上自陷於矛盾。跟萬物本質相異的一因，沒可能證明他造出來的萬物卻有相同的本質。也沒理由說，萬物的本質相同，可是卻偏偏跟其最初因的本質不同。

龍樹便是採取這種手段，令敵論者陷於兩難，由是辯破其立論。

然而這樣的辯破，卻很難令數論師心服，因爲他們最初的立論，其實只是說：一切事物都有本質。現在龍樹卻轉一個彎，由事物的成因來辯破，這雖然能鉗數論師之口，卻實在不足以服其心。不能心服就有怨恨，是故龍樹與提婆當日雖然破盡外道，但卻未能令外道信仰佛法。提婆破外道比龍樹還要積極，結果於靜修時，還給外道暗殺而死。這就是說，龍樹的辯破方式雖然犀利，但畢竟亦有缺點。

所以與龍樹同時，佛家亦有不用龍樹的辯破方式，而採用共同的邏輯論議手段。小乘佛學家法救論師，便有關於正理方面的著作。因爲「遊戲規則」相同，所以手段便見平和。

此後，大乘佛學發展到唯識學派成立，唯識家更將正理發展，改組成爲佛家的正理，並稱之爲「因明」。這時候，佛家的邏輯已邁向高峰。

《因明入正理論》正是這一時期的佛家邏輯著作。

因明先大成於陳那。陳那將邏輯的論議性質變爲「量論」，也可以說是認識論。因爲「量」即是對客觀對象的正確瞭解。

我國唐代譯師將梵文Pramana一詞翻譯爲「量」，用的實在是唐代口語，此口語至今尚保存在廣府方言中。如廣府人說：「量你都不敢。」意思便是說：「我瞭解你不敢這樣做。」這「瞭解」當然即是認知。所以廣府人很容易體會到「量」這名相的涵義。

當客觀對象可以被直接認知時，這種認識稱爲「現量」。印度的正理以及陳那以前的佛家舊說，都用感官認知來說現量，如火是熱的，因爲它燙手。到了陳那，他着重思維的層次，因此便提出「離分別」這一條件，來限定現量的範疇。這是一點很重要的突破。甚至可以說，後來一些唯識學的發展，如「相分」、「見分」、「自證分」、「證自證分」等，都是基於此項突破然後得到發展。關於這些，請參閱本叢書有關唯識的專著。

然則甚麼叫做「離分別」呢？

「分別」是指這樣方式的思維：用種種現成的概念去瞭解客觀對象。這樣一來，其瞭解便非單純從感覺而生，實在已跟經驗發生了聯繫。是故認知事物的「感官認知」，並不能說都是現量，因爲它可能因「分別」而產生了歪曲。例如見磷火沾衣而恐衣服燒穿，那就是由於有了「火」這個概念，又有「火是熱的」這經驗聯繫，由是生分別，是故非現量。

此外範限現量的還有「不錯亂」。此如翳眼之見空花等，這裏不作細說。

現量之外還有「比量」。這是由推理而認知客觀對象。此又分二：「爲自比量」，即是自己的邏輯思維；「爲他比量」，這是向他人論證自己的觀點。

比量以「因」爲支持。陳那提出，凡正確的因，必具三相，即：所比定有，同品定有，異品定無。

陳那以前，用因明五分，即宗、因、喻、合、結；陳那由因的三相，改爲因明三支，即宗、因、喻。這是因明學的一項重大革新。

這裏也可以舉一個例——

此地有火（宗）
以有煙故（因）
如灶（同喻）
今此地有煙（合）
故知有火（結）

這是因明五分的同喻作法。亦可以作異喻如下——

此地有火（宗）
以有煙故（因）

如井（異喻）

今此地非如井之無煙（合）

故知有火（結）

但若用因明三支時，其作法則如下——

此地有火（宗）

以有煙故（因）（所比定有）

有火即有煙如灶（同喻）（同品定有）

無火即無煙如井（異喻）（異品定無）

因明學經陳那發展以後，成爲佛家立論或破敵的重要工具，因此要瞭解佛家的一些論點，以及其如何破敵，便非得知道一點因明不可。本叢書選入本論，即是基於這重緣故。

佛家經論於近代每遭人歪曲，若能懂因明，便可以知道他用的「爲他比量」是否正確，所用的因是否具足三相，由是即可判定其爲正論或邪論。

如出一量云：佛家應該經營企業。出因云：淨土也要黃金鋪地。喻：如西方淨土。

我們一望這因明三支，便知其量有誤，因爲同樣黃金鋪地的未必是淨土，如阿拉伯油王的王宮，這就與「異品定無」相違。同時，我們知道淨土並無企業，這就與「同品定有」相違。由是可知所出的量大有問題。

舉此爲例，便知因明學實爲末世學佛的利器。研讀本論雖然比較艱難，但再三研讀，則必可豁然貫通，一旦貫通，學佛便高了一個層次。

西元一九九八年歲次戊寅四月

談錫永

自序

因明之學（Hetuvidyā）源於印度的正理學派（Nyāya School）。後大乘佛教日漸發展，爲要立正破邪，極需要一門正確有效的方法論。於是陳那論師（Dignāga），於公元五世紀後期，修正正理學派的理論，建立佛家的因明學。今人有把因明學譯爲「佛家邏輯」的，其實它是一門涵攝知識論、邏輯學及辯論術的思維方法體系，所以後來的大乘瑜伽行派（Yogācāra）及中觀學派（Mādhyamika）的「自立量者」（Svātantika自續派），皆依此思維方法以從事撰作。故不通因明，則彼二派的著述亦難以披閱而得其意趣。

陳那著述，雖有八論，而前期以《因明正理門論》（Nyāyadvāratāraka-śāstra）爲主，後期以《集量論》（Pramāṇa Samuccaya）爲主。《因明正理門論》，文辭簡奧，不易通曉，其弟子商羯羅主（Śaṃkara Svāmin）加以增補，使其內容更爲豐富，文義較爲曉暢，而成《因明入正理論》（Hetuvidyā Nyāya-praveśa-śāstra）。此論由玄奘法師譯爲漢文，其後並有文軌、窺基、慧沼、智周諸家疏釋；本論傳至日本，亦掀起研究熱潮，疏記釋文，凡數十家。二十世紀初，梵本也由印度及俄國學者整理出來。故今日的本子，有梵、藏、漢、日多種。而有關《入論》的解說、發揮，其著述古今中外不絕，則本論在學術上及應用上的價值，亦可不言而喻。

今《因明入正理論導讀》一書，運用現代語文與現代概念，附以適當的圖解、表解，配合簡易的邏輯符號，藉以疏釋古奧的文辭，闡述隱晦的義理，使讀者對佛家的思想方法，無論在認知方面，或推理、論辯方面，都能獲致較清晰而具系統性的理解。

全書分作「導讀」與「釋正文」兩部，卷末並附《藏要》本的《入論》全文，以方便讀者的披閱。在「導讀」部分，作者論述了有關因明的起源與發展；本論的作者譯者；題義、內容梗概、結構特點，乃至版本、註釋等等問題，最後還對因明論證的方式，作出了邏輯性的剖析，並把「三支比量」與西方邏輯的「三段論式」（syllogism）作出了基本的比較，同時顯出因明與邏輯的異同，以及因明比量知識的眞確性與可靠性。如是爲讀者提供了基礎性的知識，以作披讀「釋正文」部分的事前準備。

至於「釋正文」部分，則依《入論》的組織脈絡，以「二悟八義」，尋章摘句，疏釋文義。讀者若能細心玩味，自可得其門徑，以通向佛家因明的廣闊天地。

李潤生

一九九三年四月十五日香港山齋

第一篇

導讀

第一章　因明的起源與發展

寰宇之內，無分於東西，無分於南北，人類總有其通性，邏輯思維，便是人類無分乎時代、地域、種族、文化所共有的通性之一。所以孔子沒有學過邏輯，但他在《論語》所說的不少話，如所謂「仁者必有勇，勇者不必有仁」，就暗裡跟邏輯思維的規律不相違悖。不過，由於學術發展的路向不同，於是各成體系，在中國產生「名學」，在西方產生「邏輯」（Logic），在印度產生「正理」（Nyāya），其邏輯思維的方式與形態，便各具特色而各成獨特的系統了。

此間所謂「因明」（Hetu-vidya）者，正是佛家邏輯思維在印度「正理」體系（亦可稱之為「印度邏輯」，Indian Logic）中的一個獨特而非常重要的一個系統。所以佛家的「因明」著作中，有稱為「因明」的，如本論名為《因明入正理論》（Hetuvidyānyāyapraveśa-śāstra）；有稱爲「量論」的，如陳那（Dignāga）的《集量論》（Pramāṇasamuccaya）；有稱爲「正理」的，如法稱（Dharmakirti）的《正理滴論》（Nyāya-bindu）。由此可知「因明」、「量論」與「正理」實爲同義，而「因明」亦理應爲印度「正理」（即「印度邏輯」）的一支，此無疑義，問題只在：因明是怎樣起源的？怎樣發展的？

依窺基《因明入正理論疏》（簡稱《大疏》）所說：「因明者，源唯佛說；文廣義散，備在衆經。」①若從邏輯思維的能力是人類通性這角度來看，窺基認爲「因明源出佛說」也不爲過，一者、「因明」一詞唯佛家邏輯所專用；二者、《菩薩地持經》確已採用了「因明」這個術語。如彼經說：『菩薩求法，當於何求？當於一切五明處求。』②所謂「五明處」，是指：內明（佛家哲學）、因明（佛家邏輯思維）、聲明（語言學）、醫方明（醫藥知識）、工巧明（建造工藝知識）。因爲印度是多宗教的民族，教派的傳播，必須具備一套爭辯的方法，所謂「破邪論、立正理」，便有賴「因明」的邏輯思維的助力了。

不過，「因明」之能構成一門有組織、有系統的獨立的學術，還是受了外派思想的影響然後達成，所以窺基在《大疏》裡也有「劫初足目，創標眞似」③的說法，因而熊十力著《因明大疏刪注》，對此點也有所論述。他說：「佛家因明學，雖就自宗，推源佛說。然迹其本始，仍屬外宗。佛氏蓋因外宗而別詳之。」④允爲的論。

直接影響佛家因明的建立的是印度外道（熊氏說爲「外宗」，其義同）的「正理派」(Nyāya School)。此派所依的經典以《正理經》(Nyāyasūtra)爲根本，這亦是印度邏輯第一本具系統性與條理性的著作。作者相傳是阿格沙巴達・喬答摩（Aksapāda-Gautama）⑤，也即是窺基所說的「足目」。足目的年代實不可考，所以用「劫初足目」來描述他。至於《正理經》成書，依虞愚在《因明學發展過程簡述》一文中的推算，約在公元三、四世紀之間⑥。因爲《正理經》的最早註釋者是伐茲耶雅那（Vatsyayana），伐氏是公元四世紀後半期人；那末《正理經》在此時以前已肯定完成。又在佛家龍樹論師（Nagār-juna）所著的《迴諍論》與《廣破論》中，也曾對正理派學說加以駁斥；龍樹為公元三世紀的人。所以虞愚認為《正理經》的面世在公元三、四世紀之間，大概是可信的，但《印度邏輯史》的作者明莊嚴（Vidyabhusana）認為成書於公元一五〇年，也有此可能。

《正理經》共分五卷，世上有多種譯本，漢文本是今人沈劍英依日本學者宮坂宥勝的《ニヤヤ・パーシエヤの論理學》一書中從日文轉譯過來的，內容大致如下：

卷一、總述正理體系的十六義，即所謂——量、所量、疑惑、動機、實例、宗義、論式、思擇、決定、論議、論諍、論詰、似因、曲解、誤難及負處。

卷二、疑惑及諸量的探討（主要包括現量、比量、譬喻量、聲量等四種）。

卷三、討論自我（靈魂）、身體、感官及其對境、認識及心理等問題。

卷四、探究意志、過失、輪迴、善惡果報、苦與解脫、錯誤理論以及全體與部分等問題。

卷五、探討誤難與負處等問題。

由此可見《正理經》的內容，部分與「因明」沒有直接關係，如自我（靈魂）、輪迴、善惡因果、苦與解脫等，但有關能量、所量、現量、比量、譬喻量、聲量（聖教量），如是乃至論式中的五支作法等，不論對古因明或陳那系因明都有積極的影響與啓發。所以我們說，因明體系的建立，導源於「正理學派」，實不爲過。至於「因明體系」的發展，大別可分爲三期：

一者、前期因明（公元六世紀前）：《正理經》雖約在公元三、四世紀面世，但「正理學派」的思想早在公元一、二世紀經已流行，而佛家受其影響。依呂澂《佛家邏輯》所載⑦，那時小乘說一切有部的法救（Dharmatrāta）論師，亦著《論議門論》，爲佛家因明著作的濫觴。此時大乘空宗思想亦已流行，然而龍樹論師對正理學說不予接受，且作《迴諍論》與《廣破論》以破斥之。這由於空宗「中觀學派」（Mādhyamika）善用辯證思維方式（如龍樹之著《中論》、提婆（Āryadeva）之著《百論》，都以辯證方法，破而不立）⑧，教人擺脫一切封執，直接證入形上實體（空性、sunyatā），而正理卻着重名相的推求，建立五支論式，對於察事辨理，雖然有一定的作用，但若滯於名相，對證入空性，反而有損無益。

其後大乘有宗興起，於俗諦中不排遣名相。有無著論師（Asaṅga）述彌勒（Maitreya）慈氏《瑜伽師地論》，著《顯揚聖教論》，成立「瑜伽行派」（Yogācāra），把學人研求的學問，分為五種「明處」（vidya）。「明處」是「學問」義，與西文的logy相似。其中的「因明處」（簡稱「因明」），便是總合佛家自宗及正理學派有關察事辨理的方法組織而成。「因明」（佛家邏輯）之名，亦始於此⑨。所謂「七因明」者，就是《瑜伽師地論》和《顯揚聖教論》所整理出來最具體的因明理論。（按：「七因明」是指佛家因明學所探討的七個課題，即：論體性、論處所、論所依⑩、論莊嚴、論墮負、論出離、論多所作法。）

世親（Vasubandhu）繼軌，著《論軌》、《論式》及《如實論反質難品》等⑪，於是佛家因明，才有專門而具體的著述。不過據窺基《大疏》所說：「爰暨世親，咸陳軌式。雖綱紀已列，而幽致未分，故使賓主對揚，猶疑立破之則。」由是可見世親容有創意，但仍未成嚴格的體系。大抵前期因明，多沿襲「正理學派」的舊說，於知識分類，多採「現量」（感官之知）、「比量」（推理之知）、「聖教量」（權威之說）爲主，而兼取「義準」、「譬喻」等量。於論式，則雖然世親有「三支」的創制⑫，但一般仍用「五支作法」，如佛弟子可向聲生論立量：

宗：聲是無常，

因：所作性故，

喻：（同喻）如瓶，見是所作及無常，

合：聲亦如是，是所作性，

結：故聲無常。

五支作法，缺點很多，故要有新因明的產生，這是勢所必然。

二者、中期因明（公元六至七世紀）：此期論師，以世親弟子陳那（Dignāga）爲主帥，以陳那弟子商羯羅主（Śaṃkarasvāmin）爲輔翼，把古因明修正爲今因明。早期陳那的重要著作爲《因明正理門論》，（Nyāyadvāratāraka-śāstra）簡稱《正理門論》，商羯羅主著《因明入正理論》（Hetuvidyā-nyāya-prayeśa-śāstra）加以鋪排闡釋。於是標創新旨，把流行的十種量

(pramāṇa)統攝為「現量」(pratyakṣa)和「比量」(anumāna)。「現量」是感官之知(perception),而「比量」是推理之知(inference),而把古因明的「聖教量」(śabda)等通通歸攝進去。至於立量的方式,無著在《阿毘達磨集論》中的〈論議品〉已經採納了「正理學派」的五支作法(即前所述的宗、因、喻、合、結),陳那則修正為三支;而且把「喻支」除分「同法喻」及「異法喻」外,並創立「喻體」,使「因法」與「宗法」的「不相離性」清楚明確表現出來,使論式更趨合理,如立量云:

宗:聲是無常(佛弟子對聲生論師立),

因:所作性故,

喻:(同法喻)(喻體)若是所作,見彼無常,

(喻依)如瓶、盆等。

(異法喻)(喻體)若是其常,見非所作,

(喻依)如虛空等。

此外陳那更刊定了「因三相」的規格,以保證能立的「因支」得以有效地

證成所立「宗支」的主張。所謂「因三相」者，即是：

第一相：（因）遍是宗法性

第二相：同品定有（此因）性

第三相：異品遍無（此因）性

至於具足「三相之因」何以能夠證成「宗支」？其理將於下面第五章「因明論證的剖析」中詳加闡釋。刊定「因三相」外，陳那還立「九句因」的料簡，藉此刊定何者是「正因」，何者是「不定似因」、「相違似因」，都能發揮很大的作用[13]。晚年陳那仿照無著《阿毘達磨集論》的體裁，以知識論（Epistemology）爲中心，把自己有關「因明」的著作，加以剪裁提煉，編撰而成《集量論》（Pramāṇasamuccaya），這是一部影響印度邏輯發展極爲深遠的巨著[14]。印度學者明莊嚴（S.C.Vidyabhusana）著《印度邏輯史》（A History of Indian Logic），把印度邏輯的發展分爲三期，其中第二期（Mediaeval，至公元一二〇〇年），就把陳那的《集量論》定爲代表著作，其成就與重要性由此可見。

陳那著作繁富，除上述的《因明正理門論》及《集量論》外，據唐義淨《南海寄歸內法傳》所載，還有《觀三世論》、《觀總相論》、《觀境論》、《因門論》、《似因門論》、《取事施議論》等，合稱「陳那八論」⑮。於是「佛家因明」更趨於理論化和系統化，因而構成一個嶄新而獨具特色的思維方法的新體系，所以傳統的因明學者譽之爲「新因明」。

三者、後期因明（公元七世紀後）：此期亦可稱爲「法稱系因明」，因爲此期因明體系是由法稱（Dharmakirti）所創立的。法稱是中期因明大師陳那的再傳弟子，依西藏布頓所撰的《佛教史大寶藏論》（亦名《布頓佛教史》⑯）所載，他的著作有七論，其中以《量評釋論》（亦名《量釋論頌》、《集量釋論》等，Pramāna-vartika）及《正理滴論》（亦名《正理渧論》、《正理方隅》，Nyāyabindu）最爲有名。前者簡稱《大論》，後者簡稱《小論》；前後二論可以概括法稱的整套因明思想體系。其餘五論就是：

《量決定論》（Pramāna-viniscaya）

《因論一渧論》（Hetu-bindu）

《觀相屬論》（Sambandha-pariksa）
《成他相續論》（Santanantara-siddhi）
《諍辨正理論》（亦名《論議正理論》，Codana-prakarana）⑰

有關知識分類方面，法稱仍稟承乃祖陳那論師的主張，立「現量」和「比量」；而「比量」中，再分「爲自比量」與「爲他比量」二種（即商羯羅主「八義」中的「現量」、「比量」與「能立」三部）。但法稱的因明學，其體制更接近陳那的《集量論》，因此對知識論的問題更爲關注而有所發揮。他把「比量」無論爲自、爲他，依遮、表的原則，開成「肯定比量」和「否定比量」。其中「肯定比量」或依「自性因」立，或依「果性因」立；而「否定比量」則唯依「不可得因」立。「不可得因」中又再細分爲十一類（恐繁不贅⑱），今表列「比量」與「因」的關係如下：

- 比量
  - 肯定比量
    - 依「自性因」立
    - 依「果性因」立
  - 否定比量
    - 依「不可得因」立

法稱因明，舉例如後：

宗：此物是樹（肯定比量），

因：以是無憂樹故（自性因）。

如是便是依「自性因」、據「同一律」（Law of Identity）所成立的「肯定比量」，以「無憂樹」與「樹」是同一自性故。又如：

宗：彼處有火（肯定比量），

因：以有煙故（果性因）。

此例顯示依「果性因」、據「因果律」（Law of Causation）所成立的另一「肯定比量」，以「煙」與「火」有因果關係故。至於「否定比量」，如立量說：

宗：此處無瓶（否定比量），

因：以（此處）見瓶之因緣具足，而瓶相仍不可得見故（不可得因）。

此中的「見瓶之因緣具足，而瓶相仍不可得見」是「不可得因」。以彼爲依，據「矛盾律」（Law of Contradiction）成立「此處無瓶」那個「否定比量」。從上述例證，可見法稱已把陳那的因明，就其知識論的成分，予以補充而獲致大大的廓展；由此亦見法稱的因明是承繼陳那《集量論》此思路而來的。

除此以外，就「論式」而言，法稱亦有所創新。如於「爲自比量」，法稱主張先宗後因，喻支從略，如立：

宗：此間不冷，

因：有烈火故。

因爲此中的「因支」是三相具足的，自然涵攝「喻支」的成分（即「若彼有烈火，則無冷觸，如過去一切相同的經驗」；「若有冷觸，則無烈火，如過去不同的經驗」），所以「爲自比量」的建立在於「爲自開悟」，不必把「喻體」、「喻依」顯示出來（按：「喻支」的作用在顯示「因法」與「宗法」（後陳）的關係之故）。

至於「爲他比量」，法稱建議先喻後因，宗支從略，如佛家對聲生論師立量：

喻：若彼事物是所作者，見彼無常，如瓶盆等。

因：今聲是所作。

若敵論者承認「喻支」及「因支」是正確的，則必能自己推得「聲是無常」這個「宗支」出來，所以不必明確顯示。這種略宗的建議，可以於賓主對辯的時候，確能減少由於「剔除有法」（按：其義於釋論文中，自當評述）所引起的某些不必要問題，而逐漸與西方的演繹邏輯互相接近。

後期因明，於法稱之後，繼承他的系統的有天主菩提（Devendra-buddhi）、法上（Dharmottara）及慧作護（Prajñākara Gupta）等。於是諸賢繼踵，各有發揮。依俄學者撤爾巴茨基（Th. Stcherbatsky）的研究，法稱因明此後分成「訓詁派」、「哲理派」和「教理派」等三大派別⑲。這個系統繼續有所發展，直至公元十一世紀，還有寶積諍撰著《成剎那滅論》（Kṣaṇab-haṅgasiddhi）、《成遮異論》（Apohasiddhi）及《內遍滿論》（Antar-vyāptisamarthana）等著述⑳，以解決由「剔除有法」所引起的不少問題。於是波瀾壯觀，使佛家邏輯在印度邏輯史上及世界思想史上，得以大放異彩。

至公元十三世紀，回教徒侵入印度，佛家的因明學也隨着印度佛教而趨於湮滅。可幸由玄奘帶回中土的陳那《正理》的一支，則仍在中國和日本得以繼續發展；傳入西藏的法稱《因明》，也在西藏得以弘揚；在印度則佛家量論與正理派的學說結合，而構成現代的「婆羅門邏輯學」㉑。

註釋

①《因明入正理論疏》是窺基所撰，用以疏釋商羯羅主（Saṃkarasvāmin）所著的《因明入正理論》。前者簡稱為《大疏》；後者簡稱為《入論》，下同。引文見《大正新修大藏經》（下簡稱《大正藏》）卷四四、頁九一。

②此依窺基《大疏》文。若依曇無讖所出《菩薩地持經》卷三，則有云：「明處者有五種：一者內明處、二者因明處、三者聲明處、四者醫方明處、五者工巧明處。此五種明處，菩薩悉求。」見《大正藏》卷三十、頁九〇三。

③同見註①。

④熊十力著《因明大疏刪注》，頁一陽版，商務印書館版。

⑤Akṣapāda與Gautama是同一人或是不同人，至今仍未有考訂。明莊嚴（S.C.Vidyabhusana）著《印度邏輯史》（A History of Indian Logic），則認爲《正理經》非一時一人所造，而是經不同時代、不同學者補充結集所成。見該書頁四六，Motilal Banarsidass版。

⑥虞愚的《因明學發展過程簡述》分別發表於《現代佛學》一九五七年第十一期及一九五八年第一至二期，今收輯於《因明論文集》中，甘肅人民出版社一九八二年版。又據明莊嚴（S.C.Vidyabhusana）著《印度邏輯史》載，《正理經》可能成書於公元一五〇年左右，見該書頁五〇。

⑦呂澂的《佛家邏輯》本分期發表於《現代佛學》雜誌中，（自一九五四年二月號起），今附錄於呂著《印度佛學源流略講》的書後，中華書局版，同時又收輯於《因明論文集》中，甘肅人民版。又《論議門論》已佚，內容與《方便心論》相仿。

⑧呂澂認爲龍樹的著作《中論》，善用辯證方法，故在思維方法上的發展，已經超越「正理」階段，到達辯證的範圍。見同註⑦。

⑨此中的論斷，多依吾師羅時憲先生在《唯識方隅》中有關「量論」的說法，見該書頁一〇七。

⑩「論所依」中，有：立宗、辯因、引喻、同類、異類、現量、比量、正教量等八義最具因明的理論內容。「七因明」之說，見《瑜伽師地論》卷十五、《顯揚聖教論》卷十一、《雜集論》卷十六。

⑪《論軌》一書，據呂澂考訂，即西藏所譯的《解釋道理論》；而《如實論反質難品》舊說謂世親所作，依呂澂考證，則謂即《成質難論》，屬陳那《集量論》所破異義五家中的一大家。前見呂著《佛家邏輯》，後見《內學》第四輯，頁五六至五七。

⑫窺基《大疏》云：「世親菩薩《論軌》等，說能立有三：一宗、二因、三喻。」見《大正藏》卷四四、頁九四。

⑬「九句因」內容較複雜，讀者參考本書第二部「釋正文」的第二、三章有關「辨因」及「似因」兩節的闡釋。又呂澂作《因輪論圖解》，條析陳那《因論決擇論》（Hetu-cakra-hamaru）「三相」、「九句因」之理。見《內學》第四輯。

⑭傳說唐義淨法師嘗把《集量論》翻成漢文，可惜今已佚。近人呂澂譯出《集量論釋略》、法尊法師譯出《集量論略解》，今人才能睹其面貌，但文簡意賅，披尋研習並不容易，有待我們作出進一步的疏解分析。其中有關「現量」一章，日本學者服部正明（Massaaki

Hattori）擴展成“Dignāga, On Perception”一書，分析甚爲詳盡。

⑮見《大正藏》卷五四、頁二三〇，然依日人山田龍城的《梵語佛典の諸文獻》所載，則現存作品，凡有九論，其詳見該書頁一四〇。

⑯《佛教史大寶藏論》（即世界有名的《布頓佛教史》），有漢文譯本，由郭和卿執筆，民族出版社在一九八六年出版。書中頁一四三至一四四，有這樣的記載：

（陳那）阿闍黎方象的弟子，最負盛名的是阿闍黎自在軍，他善巧精通諸學處，著有《集量釋論詳解》。此師的弟子，即是法稱論師，出生於印度南方名「勝頂寶」的外道婆羅門種姓中；少年時代學習「聲明」最爲熟練。……他從佛教出家，學習經論；特別是在阿闍黎自在軍座前，聽受三遍《集量頌》。他聽完第一遍時，心中得到的體會，和阿闍黎自在軍的意旨一般無二，聽完第二遍時，他的體會和方象（陳那）的意旨相同無異，而對於自在軍所承認的旨趣，認爲有錯誤；繼求師講說第三遍時，師說：「我認爲方象（陳那）大師沒有比我更好的弟子，而我也沒有比你更好的弟子。……我所持的宗見，所有錯誤之點，你可依前正宗來作糾正。今後你可以著作一部《集量釋論》。」此外法稱論師除此部論外，還造了六本論，合稱「法稱七論」。

⑰法稱重顯因明，始見於唐義淨所撰的《南海寄歸內法傳》（見《大正藏》卷五四、頁二二九）。七論中的《量評釋論》，自古皆無漢譯，至近人法尊法師始予翻出，題為《釋量論》，同時他把僧成釋文《釋量論釋》，也一起譯出。至於《正理滴論》及法上釋文《正理滴論釋》，於本世紀初，由俄國佛學家徹爾巴茨基（Stcherbatsky）譯成英文，刊於他所編撰的《佛家邏輯》（Buddhist Logic, Volume Two）中；其影響所及，有日人渡邊照宏翻出日文本的《正理滴論法上釋》，發表於《智山學報》第九、十、十一、十三等期中。而於一九五四年，呂澂亦撰《佛家邏輯》一文，撮此論的菁華，用散文筆調（按：本是頌文），發表於《現代佛學》中，後再附錄於他的《印度佛學源流略講》卷末。七十年代本人亦嘗依英文本譯出《正理滴論》的頌文，並撰《正理方隅現量品疏義》發表於香港佛教刊物中。至八十年代，中國學人王森，根據蘇聯《佛教文庫》本梵文原文，譯出頌文本的《正理滴論》。楊化群依藏文以散體譯出本論，同載於一九八二年第一期的《世界宗教研究》裡。至於其餘五論，至今仍未有漢譯，中國學者應多加精進了！

⑱其詳可參考拙著《法稱因明三因說的探討》，文中除介紹法稱三因說外，並加以分析及批判，指出其困難所在，提出修正為「四因說」的建議。文刊於《法相學會集刊第三輯》（一

九九二年出版）。

⑲見Th.Stcherbatsky所著《佛家邏輯》（Buddhist Logic）卷上中《緒論》所說，紐約Dover版。

⑳見A.C. Senape Me Dermott所著"An Eleventh-century Buddhist Logic of 'Exists'"，Humanities Press, New York, 1967及日學者梶山雄一所撰《寶積淨之論理學書》（《佛教史學》第八卷四號）等。

㉑明莊嚴（S.C.Vidyabhusana）"A History of Indian Logic"在"The Decline of Buddhist Logic"一節中，P.353，作出這樣的總結：

The Buddhist systems of thought were absorbed into the Brāhmaṇic systems, and the Modern School of Brāhmaṇic Logic was the result of a combination of Brāhmaṇic Nyāya and the Buddhist science of Pramāṇa. The vitality of Buddhism as a separate organism was lost in the 13th century A.D. after which we hear no more of Buddhist logicians.

第二章　本論的作者與譯者

第一節　有關作者的爭辯

如果把佛家的因明學，一如上章所述，分成前期、中期、後期，則《因明入正理論》是屬於「中期因明」的著作，其重要性留待下章詳為論述。可是《因明入正理論》這部著作的作者，在因明學的研究上，也曾產生過一些爭論。因為在唐代的經錄中，無論是道宣的《大唐內典錄》或智昇的《開元釋教錄》①，以及漢譯其他藏經目錄，乃至近代日本學人所經詳盡校勘而編成的《大正新修大藏經》等，無一不肯定本論是商羯羅主（亦譯作「天主」）所造。可是在世界頗負盛名的西藏《布頓佛教史》（亦名《佛教史大寶藏論》）②中，卻清楚地把《因明入正理論》歸到陳那所著論典的目錄裡③。此外，印度學者明莊嚴（S.Chandra Vidyabhusana）所著的《印度邏輯史》（A History of Indian Logic）於一九二一年出版時，也把本論（簡名爲The Nyāya-praveśa）明列爲陳那的著作（Dignāga's Nyāya-praveśa）④。於是兩說齟齬，而各有所本，故不能不有所考察，有所交代。

《因明入正理論》的漢譯本也有不同的版本，其中以支那內學院的《藏要》本最爲可取⑤，因爲它附有梵、藏二本的校勘註文。主理校勘工作者當首推呂澂，所以有關《入論》的作者問題，呂澂的觀點最足重視。呂澂在他所撰的《西藏所傳的因明》中說：「陳那的因明理論，其初成型於《正理門論》，後來才擴充爲《集量論》，故從學說源流上說，《理門論》也很爲重要。它的梵本早就失傳，以致重視因明的薩迦派雖從第三代祖師名稱幢（Grag-pa rgyal-mtshan 1147-1216）起即注意此書，而他和後來的教童（Stongshum）卻一再誤認天主（即陳那門人商羯羅主）的《（因明）入正理論》，以爲即是《理門論》，並還改動作者天主（即商羯羅主）的名字爲陳那。由此輾轉訛傳，再沒有人能糾正其失。」⑥由於稱幢與教童的失誤，錯把《入論》的作者改爲陳那，所以後來的《布頓佛教史》，便以訛傳訛，把《入論》列到陳那的著作目錄中去。

至於明莊嚴（S.Chandra Vidyabhusana）在他的《印度邏輯史》（A History of Indian Logic）中，把《入論》的作者歸到陳那去，那是由於在他的時代，大家都以爲《入論》的梵本已佚。在找不到《入論》梵本的情況下，明莊嚴只好依藏文本而下結論，因而錯認《因明正理門論》與《因明入正理論》是同一部著作⑦，所以以爲陳那既是《因明正理門論》的作者，自然也是《入論》的作者，因而鑄成大錯。

漢文本的《入論》是由唐玄奘在遊學印度十八年後，於回到長安的第三年（公元六四七年）譯出的，標明是商羯羅主的著作。玄奘在印度多處跟不同的名家研習因明學，然後把梵文賚來中國，譯成漢文。以他的學養與親炙梵本的事實來判斷，則玄奘肯定《入論》的作者是商羯羅主（即天主），那是必無疑義的。

第二節　陳那論師

在記述《因明入正理論》的作者商羯羅主之前，先對陳那生平，稍作介紹，原因有三：一者、《入論》有以陳那爲作者的，若明陳那的生平，可解若干疑竇；二者、陳那是商羯羅主的老師，商羯羅主是陳那的高弟，明其老師的言行、籍貫、時代，有助於理解弟子的師承實況；三者、《入論》是陳那《因明正理門論》的入門導讀，故對《正理門論》的作者陳那論師，不可不有概略的了解。

陳那論師，梵文作Dignāga，或作Ācārya Digaṅga，藏文作Phyogs-glaṅ⑧，故又名域龍，又名大域龍，又名方象。他的確實年代不可考，但綜合各方面的有關論著，彼此共認他是公元五世紀至六世紀間的人。《印度邏輯史》的作者明莊嚴認爲陳那的老師世親論師（Vasubandhu）生存至公元四八〇年，則陳那必應於公元四八〇年時住世。按他的推論，陳那可能卒於公元五〇〇年⑨。又按近代日本學者佐佐木教悟、高崎直道、井野口泰淳、塚本啓祥等推論，陳那論師的生存年代約在公元四二〇至五〇〇年之間⑩。

陳那論師，按《多氏佛教史》所載⑪，出身於婆羅門族，生於南印度的星伽薄多（Simhavakta）鄰近建志地方（Kāñci）。早年精通外道一切宗義，後轉信佛教，從犢子部（Vātsiputriya Sect）的親教師那迦達多（Nāgadatta）出家，於是得以窮究小乘經、律、論三藏。由於犢子部是主張有「非即蘊、非離蘊的勝義我」的，但陳那以一切方法，包括赤身露體，於體內體外，覓我了不可得，反遭親教師的斥逐，他只好敬禮而退。終於轉到大乘佛教的世親論師門下，聽受大小乘所有經典，據說最後受持的有五部經典，自然包括密部的眞言明咒，並加以修持，因此能夠親見文殊菩薩（Manjuśri）的聖容，得以隨願聞法。他常住在菩多施羅（Bhoraśilā）山巖的洞穴之中，一心勤修禪定。後來佛教中心的那爛陀寺（Nālandā）屢次受到外道蘇突羅闍耶婆羅門（Brāhmana Sudurjaya）的辯論攻擊，佛教弟子無從爭勝，於是邀請陳那下山，與難以匹敵的外道對辯，結果三次都擊敗了對手，並一併破斥了群集在那裡的其他外道的一切辯難，使他們都歸信了佛教；因此陳那也贏得了「辯論牛王」（Bull in discussion，梵文作Tarka-puṅgava，藏文作R̲tsod̲-pah̲i-khyum̲chog）的美譽。陳那並講對法，著唯識及因明小論多種，後來還把各因明小論滙集爲一，而成爲影響深遠、極爲有名的《集量論》（Pramāṇasamuccaya）。他用石粉，書寫了《集量論》的供讚誓辭：

「意欲成量利有情，本師善逝敬頂禮，爲量成就集自說，種種散論當合一。」⑫

於是引致大地震動，諸方光明遍滿，發出巨大聲響，因此也招引外道婆羅門的嫉妒，多次把頌文擦去，還把陳那的一些資具也焚毀了。文殊菩薩安慰他說：「在你未成佛前，我要作你的善知識。將來這部論（指《集量論》）將會成爲諸論中的唯一慧眼。」⑬陳那論師的弟子遍滿諸方，但隨侍左右卻無一人，因爲陳那爲人少欲知足，終生堅持頭陀行，直到晚年，在歐提毘舍（Orissa）的一個寂靜林中悄然入滅。

《多氏佛教史》除提及《集量論》的名字，其他的著作都沒有舉其名稱，自然也沒有說出陳那曾著作《因明正理門論》一事。《布頓佛教史》在傳中說明陳那善因明、聲明，著《俱舍頌釋》、《無邊功德贊》、《觀所緣頌釋》及

《集量論》等，約有百種之數，但也沒有提及《因明正理門論》。不過在後半部目錄部分，卻列出《集量頌》、《集量頌釋》、《觀所緣頌》、《觀所緣頌釋》、《觀三世頌》及《九法輪品》等，都認爲是陳那的著作，甚至把他的弟子商羯羅主所著的《因明入正理門論》也說成是陳那的作品，失誤也算嚴重。

因爲唐義淨法師，繼玄奘之後，親到印度遊學，寫了一本與《大唐西域記》相類似的著作，名叫《南海寄歸內法傳》，傳中卷四，提及「因明著功，鏡徹陳那之八論」的說法。其中「八論」子註，臚列作品如下：

(1)《觀三世論》
(2)《觀總相論》
(3)《觀境論》（即《觀所緣緣論》）
(4)《因門論》
(5)《似因門論》
(6)《理門論》（即《因明正理門論》的簡稱）
(7)《取事施設論》

(8)《集量論》⑭

義淨明載陳那論師造《理門論》，即玄奘所譯、神泰述記的《因明正理門論》，與後出的《集量論》是陳那所撰兩部曠世之作⑮，事實如此，無從置疑，布頓諸家之失，讀者當可明辨。

第三節　商羯羅主論師

現存有關《因明入正理論》的作者商羯羅主，我們能找到他的資料實在貧乏得很。在梵、藏論疏及史料中，由於編輯及撰作者在理解上的失誤，可以說是一片空白，所以要理解商羯羅主，只有從漢文論疏的片言隻字中推度得之。

首先我們從窺基《大疏》中得知商羯羅主是陳那的弟子。如《大疏》卷一所說：「爰有菩薩，號商羯羅（主），聖者域龍（即陳那）之門人也。」⑯而商羯羅主所著《入論》是主要闡釋陳那的早期作品《因明正理門論》的，對陳那晚期著作《集量論》的名稱、文字，乃至有關其中的哲理及知識論的思想都全沒有提及。由此推測，商羯羅主可能是陳那的早年弟子，故與陳那同時而稍後，即約是公元五、六世紀間的人。在五印中是否跟陳那同屬南印度人，則無從推斷，但呂澂認爲有此可能；至於他的出身及事跡亦難考究。

依《大疏》所載，商羯羅主，梵文作「商羯羅塞縛彌」，今以拉丁字母譯之，應作Śaṃkarasvāmin⑰。在漢語，śaṃkara，是「骨璅」義，文軌疏作「骨鏁」⑱，即身形消瘦，骨與骨相連之「骨鎖」（骨架）的意思。Svāmin是「主」義。按外道相傳：古代有「大自在天」到人間化導；化導完畢，「大自在天」返回天上，人們思念他，便把他的形象造成苦行饑羸、骨節相連、猶如骨鎖的樣子，所以「大自在天」又名「骨璅天」（按「璅」、「鏁」、「鎖」是同字異形）。又由於《入論》作者的雙親少無子息，因向「骨璅天像」乞禱，結果生了這個異靈的孩子；以乞禱於天，孩子由天爲主而得，所以名爲「骨璅主」，漢譯爲商羯羅主，亦名天主。由信自在天故，商羯羅主可能屬婆羅門種姓。

文軌疏文，說商羯羅主「生知至理，善鑒物機」。窺基《大疏》則說商羯羅主在老師陳那循循善誘之下，博學多聞，「挹慧海於深衷，竦義山於奧腑。

故乃鑿荊岑而採璞，遊蛤浦以求珠，祕思優柔，乃製宏論（按：指造《入論》），其旨繁而文約，其理幽而易曉，實法戶之樞機，乃玄關之鈐鍵也。」《入論》既成，使諸外道，如勝論、數論，若「喬山之壓春筍」，無不慴服；令聲生、聲顯，「譬驚飈之捲秋葉（秋葉）」，義趣難持。由此大乘至教，得以興隆彰盛，商羯羅主的功勳，也不應泯沒⑲。

第四節　玄奘三藏法師

《因明入正理論》的譯者，是大唐三藏玄奘法師，勘諸經錄，信而可徵，自無疑義。按慧立所撰《大唐大慈恩寺三藏法師傳》所載⑳，玄奘俗姓陳，陳留人（今河南開封），又云是緱氏人（今河南偃師縣）。隋開皇二十年（公元六〇〇年）生，卒於唐麟德元年（公元六六四年），年六十五歲㉑。玄奘幼而珪璋特達，聰悟不群，父親陳惠，潛心儒學，故玄奘亦能早受儒家典籍的薰陶。隋大業八年（公元六一二年），年十三在洛陽出家，學《涅槃經》及《攝大乘論》。十九歲赴長安，再入蜀，在成都再習《攝大乘論》，兼研《俱舍》、《發智》等小乘論議。如是輾轉於唐貞觀元年，二十八歲還長安，已習《雜心》、《成實》諸論，並重研《攝大乘論》，但「遍謁衆師，備餐其說，詳考其義，各擅宗途，驗之聖典，亦隱顯有異，莫知適從」。於是決心要到印度遊學以解所惑，並盼望能求取《瑜伽師地論》，以釋衆疑。因此於貞觀二年（公元六二八年），時年二十九歲，結侶陳表往遊天竺，但詔令不許；諸人咸退，唯玄奘獨自不屈，踏上西遊的險阻征途，時爲貞觀三年（公元六二九年）。

從敦煌出發，經涼州、高昌，歷西域十六國，越雪山。貞觀四年（公元六三〇年），至迦濕彌羅國（漢云罽賓），從僧稱論師習《俱舍論》、《順正理論》、《婆沙》、《六足》、《毘曇》、因明、聲明諸論及其他經典，留首尾二年，禮諸聖遺跡，然後辭去。途中分別習《百論》、《廣百論》、《對法》、《經部毗婆沙》、有部《辨眞論》、《佛使毘婆沙》、《日胄毘婆沙》等要籍。貞觀六年（公元六三二年），抵摩揭陀國的那爛陀寺（Nālanda Monastery），師事戒賢論師（Ŝilabhadra），先後學習《瑜伽師地論》、《正理門論》、《顯揚聖教論》、《對法》、因明、聲明、《集量論》、《中論》、《百論》等等大小乘、空宗、有宗典籍，舉凡五年。貞觀十一年（公元六三七年）玄奘外遊諸國，所過之處，隨名師習《毘婆沙論》、《順正理論》、大衆部根本毘曇、正量部根本毘曇、《攝正法論》等；並往杖林山從安慧弟子勝軍居士學《唯識決擇論》、《意義理論》、《成無畏論》、《不住涅槃十二因緣論》、《莊嚴經論》及問瑜伽、因明等疑。留首末二年，於貞觀十五年（公元六四一年）返回那爛陀寺。戒賢論師遣玄奘爲衆講《攝大乘論》、《唯識決擇論》。那時空宗大德師子光，先爲四衆講《中論》和《百論》，破有宗義。玄奘爲和會二宗，著《會中論》三千頌。論成，呈戒賢及大衆，無不稱善，並共宣行；師子光慚赧，轉往菩提寺，而玄奘聲譽益甚，同時極得戒日王（Harṣavard-hana）的賞識，並遣使大唐爲中印邦交之始㉒。

貞觀十六年（公元六四二年），破順世外道，又造《破惡見論》一千六百頌，伏正量論師般若毱多《破大乘論》的異說。行將返國，玄奘便應戒日王的邀請，出席了在曲女城（Kānyakubjia kanauj）所舉行的十八日無遮大會。因戒日王讀了玄奘的《制惡見論》，深爲讚悅；他認爲本國的「弟子及此諸師並皆信伏，但恐餘國小乘外道，尚守愚迷，望於曲女城爲師（玄奘）作一（集）會，命五印沙門、婆羅門、外道等，示大乘微妙，絕其毀謗之心，顯師（玄奘）盛德之高，摧其我慢之意。」到會的有十八國王、諳知大小乘僧侶三千餘人、婆羅門及尼乾外道二千餘人、那爛陀寺千餘僧衆；他們都是博藴文義、富贍辯才的賢士。大會之日，別設寶床，請玄奘坐爲論主，稱揚大乘，敍作《制惡見論》的原意；並請「明賢法師讀示大衆，別令寫一本懸於會場門外示一切人。若其間有一字無理能難破者，請斬首相謝。」如是竟十八日，無人發論。將散之夕，玄奘更稱揚大乘，讚佛功德，令無量人，返邪入正，棄小歸大。戒日王益增崇重，與十八國王，各賜金、銀、珍寶，皆婉辭不受㉓。

貞觀十七年（公元六四三年），玄奘辭戒日王等起程東歸。經印度、西域諸國。在于闐開講《瑜伽》、《對法》、《俱舍》、《攝大乘論》等，並陳表大唐還國的心意。於貞觀十九年（公元六四五年）返抵長安。京城留守房玄齡等，承法師齎經像凡六百五十七部（其中有因明論三十六部），送往弘福寺。

設譯場，譯出《菩薩藏經》、《佛地經》、《六門陀羅尼經》、《顯揚聖教論》、《大乘阿毗達磨雜集論》及《瑜伽師地論》等，又修撰《大唐西域記》。於貞觀二十一年（公元六四七年）譯出《因明入正理論》，貞觀二十三年（公元六四九年）譯出《因明正理門論》㉔。於是掀起因明研習的風氣，註疏繼出，使因明之學，承名學、墨辨之後，在中國邏輯研究史上，再放異采。此後玄奘三藏分別在玉華宮及慈恩寺，譯出大小乘、空有諸宗乃至外道的典籍。於龍朔三年（公元六六三年）完成了六百卷的《大般若經》的翻譯後，玄奘氣力不支，衆請譯《大寶積經》，見衆情專至，俯仰譯數行訖，便收梵本，禮佛而還。於麟德元年（公元六六四年）卒於長安玉華寺。

玄奘因明之學，分別從戒賢、勝軍及外道得之。但勝軍師承安慧，安慧師承世親；戒賢師承護法（Dharmapāla），護法師承陳那，陳那師承世親。今試表解其承傳如下：

世親─┬─安慧─勝軍─┐
　　　└─陳那─護法─戒賢─┴─玄奘

可見玄奘是世親、陳那的嫡傳學者，所以他所出的因明著作，深契陳那的奧義，其可信度不容有疑。

註釋

①見《大正藏》卷五五，頁五五六，《開元釋教錄》云：「《因明入正理論》一卷，見《內典錄》，商羯羅主菩薩造，貞觀二十一年八月六日於弘福寺翻。」

②《佛教史大寶藏論》，又名《善逝教法史》和《布頓佛教史》，由西藏布頓大師所著，以詳實的史料，精闢地論述了印度和西藏的佛教重要典籍。由郭和卿譯成漢文，於一九八六年由民族出版社在北京第一次出版。

③見註②，頁二九三。《布頓佛教史》把陳那譯成「阿闍黎方象」。而本論的藏文譯者是拉卻李仁清（法寶）。

④見明莊嚴（S.Chandra Vidyabhusana）的《印度邏輯史》（A History of Indian Logic）p. 289，Motilal Banarsidass版。

⑤《入論》刊於《藏要》第二輯第二十四種著作中。

⑥呂澂著《西藏所傳的因明》，今收錄於齊魯書社所輯的《呂澂佛學論著選集》中，見該《選集》第三冊，頁一四九九。

⑦明莊嚴在《印度邏輯史》頁二三九的注文中，提到《入論》大概與《正理門論》是同一著作（此二書在《大正新修大藏經》中分輯在第一二二三部和一二二四部），雖然他從當時的Dr. Sugiura所著的"Hindu Logic as preserved in China and Japan"一書留意到Nyāya-praveśa-tarkaśāstra（按：此亦應是《入論》的異名）是商羯羅主（即天主，Śaṃkara-svamin）所作，可是他並沒有採取這個說法。

⑧見註④，頁二七二有關「陳那生平」（Life of Dignāga）的一段。

⑨見註⑧，頁二七三。

⑩見佐佐木教悟等合著的《印度佛教史概說》，楊曾文與姚長壽合譯，頁七〇，復旦大學版。

⑪西藏喇嘛多羅那多（Tāranātha, 1575-1634）著《印度佛教史》，很有名，故世稱《多氏佛教史》，一九六三年，張建木把它翻譯成漢文，一九八三年由中國佛教協會出版。（此書亦有德、、英、日等譯本存世）。有關陳那生平，見該書頁六九至七一。其中事跡與《布頓佛教史》所載相近，而明莊嚴著《印度邏輯史》有關「陳那生平」一節，亦多從之。

⑫在十三世紀末才寫成的《多氏佛教史》中，這首頌文經郭和卿翻譯如下：

「我樂成量利衆生，世尊怙主前敬禮，爲成量論集自著，零散諸作集於一。」

見《佛教史大寶藏論》頁一四一，民族出版社版。

⑬有關這段神跡，在玄奘的《大唐西域記》卷十和窺基的《因明大疏》卷一卻有不同的記述。按《大疏》所述（內容多依《大唐西域記》，而文字則有更佳的潤色）如下：

「有陳那菩薩，是稱命世，賢劫千佛之一佛也。匿跡巖藪，棲慮等持，觀述作之利害，審文義之繁約。於時崖谷震吼，雲霞變彩。山神捧菩薩足，高數百尺，唱云：『佛說因明，玄妙難究；如來滅後，大義淪絕。今幸福智悠邈，深達聖旨，因明論道，願請重弘。』菩薩乃放神光，照燭機感。時彼南印度案建羅國王，見放光明，疑入金剛定，請證無學果。菩薩曰：『入定觀察，將釋深經，心期大覺，非願小果。』王言：『諸聖攸仰，請尊速證。』菩薩撫之，欲遂王請。妙吉祥菩薩（按即文殊），因彈指警曰：『何捨大心，方興小志？爲廣利益者，當傳慈氏所說瑜伽論；匡正頹綱，可制因明，重成規矩。』陳那敬受指誨，奉以周旋。於是覃思研精，作《因明正理門論》。……」見《大正藏》卷四四，頁九一。

⑭見《大正藏》卷五四，頁二三〇。

⑮《集量論》本由唐義淨譯成漢文，惜早已佚，今本由近人法尊法師所出。又義淨所出《因明正理門論》，至今猶存，輯於《大正藏》卷三二中。又按俄學者Th.Stcherbatsky也肯定《因明正理門論》（Nyāya-mukha，亦同於Nyāyadvāra）是陳那的著作，不過在他看來那不過是因明小品，不能與《集量論》媲美。見其所撰“Buddhist Logic” Volume One, p.53《序論》的部分。

⑯見《大正藏》卷四四，頁九一。

又日僧鳳潭所撰的《因明論疏瑞源記》卷一中，也引智周《後記》說：「域龍者梵語，此云陳那也。」

⑰Th.Stcherbatsky亦有「Nyāya-praverśa by Śaṃkara-svāmin」之說，見“Buddhist Logic”，Volume One, p.54。

⑱唐文軌的《因明入論莊嚴疏》所說相同，但文字稍異，如彼卷一、頁三云：「《因明入正理論》商羯羅主菩薩造者：大自在天化身接物，形如骨鏁，號此以商羯羅。時人慕之，圖形敬事。論主誕應，因祈此天，遂主此天以爲厥號。此即以商羯羅爲主，名商羯羅主也。」民國二十三年支那內學院本。

⑲文義依窺基而稍作補足，見《大正藏》卷四四，頁九一。

⑳此傳收於《大正藏》卷五十，除慧立本文外，還注有彥悰的箋文。

㉑玄奘出生年份，《三藏法師傳》、《玄奘法師行狀》（唐冥詳撰，收入《大正藏》卷五十）等皆無所載，故玄奘住世有六十三（如陳垣著《釋氏疑年錄》卷四，頁九九及所撰《內學院新校慈恩傳書後》所主張）、六十五（如呂澂校《慈恩傳》內學院刻本所主張）等說，今暫從呂澂。可參考田光烈所著《玄奘哲學研究》的第一章「玄奘生平事略」及「玄奘生卒學行略表」，學林出版社版。

㉒道宣撰《續高僧傳》卷四載云：「初奘在印度，聲暢五天，稱述支那人物爲盛。戒日大王並菩提寺僧，思聞此國爲日久矣，但無信使……奘既安達恰述符同，戒日王及僧，各遣中使，齎諸經寶，遠獻東夏（按即大唐）。是則天竺信命自奘而通，宣述呈猷之所致也。」見《大正藏》卷五十，頁四五四。

㉓按窺基《大疏》所載，玄奘法師在曲女城的十八日無遮大會還立了《眞唯識量》，如文所述：「……（玄奘）大師周遊西域，學滿將還。時戒日王，王五印度，爲設十八日無遮大會；令大師立義遍諸天竺，簡選賢良，皆集會所，遣外道小乘，競申論詰。大師立量，時

人無敢對揚者。大師立唯識比量云：

「『眞故極成色，不離於眼識（宗），自許初三攝、眼所不攝故（因），猶如眼識（喻）。』」

見《大正藏》卷四四，頁一一五。但《慈恩寺三藏法師傳》等都沒有這個記載，所以謹此書於註文之中。

㉔此依《開元釋教錄》載；若依《慈恩傳》，則《因明正理門論》出於唐高宗永徽六年（公元六五五年），當時呂才作《因明註解立破義圖》，指其長短，於是與呂才對諍，論定因明的事情。見《慈恩傳》卷八、《大正藏》卷五〇，頁二六二。

第三章 本論的題義、內容與結構

第一節 題義

本論題名《因明入正理論》，依日本所編的《大正新修大藏經》的經目，翻成梵文，作Hetuvidyānyāyapraveśa-śāstra①。這與窺基《大疏》所謂本論題目，梵云「醯都費陀那耶、鉢羅吠奢、奢薩怛羅」相合②。Hetuvidyā即音譯爲「醯都費陀」，漢文意譯爲「因明」；nyāya即音譯爲「那耶」，漢文意譯爲「正理」；praveśa即音譯爲「鉢羅吠奢」，意譯爲「入」；śāstra即音譯爲「奢薩怛羅」，意譯爲「論」。如是本論標題，直譯即爲《因明正理入論》，但順着漢語的表達方式，稱爲《因明入正理論》。

但據《藏要》本的註釋，本論的梵本論題無「因明」二字③。而《大正藏》的經目校勘，也說本論題目，梵文又作Nyāya-praveśatāraka-śāstra④，與《藏要》所勘吻合，省「因明」二字，但又增添tāraka一詞⑤，這正與陳那所造《因明正理門論》相應，因彼論梵文作Nyāyadvāratāraka-śāstra。可見梵文praveśa-dvāratāraka有「入門」之意，今省了dvāra而成Nyāya-praveśatārakaśāstra之名。直譯為《正理入論》，轉譯為《入正理論》。按呂澂的推論，《入論》題目就叫《入正理論》（現今所發現的梵本就是如此標題），「因明」二字是玄奘加譯，以明本論是屬因明一類，因為因明一類的著作前人沒有傳譯，對漢人比較生疏，所以加上「因明」二字來顯明它⑥。

什麼是「因明」？窺基《大疏》解釋說：「明者：五明之通名：因者：一明之別目。」⑦意思是說，「因明」是「五種明處」的一種。「明處」是知識、學問義。如「聲明處」就是探討語言的學問，「醫方明處」就是探討醫藥的學問，其詳已見第一章「因明的起源與發展」。今言「因明處」就是探討「以因證果」的探求知識、論證知識的眞偽的一門學問⑧。「因明」多是佛家所用的術語，在印度其他學派則用「正理」一詞，陳那造《集量論》後，又用「量論」一詞。「因明」、「正理」與「量論」是同義詞，有人比諸西方的邏輯⑨。其實就內容來分析，「因明」、「正理」之學，非僅含邏輯學理，也不能盡攝西方邏輯的全部，而是統攝知識論成分、邏輯學成分和辯論術成分而成一獨特的學術系統。

至於《因明入正理論》的題義，窺基在《大疏》中，分五門辨釋。今為了避免繁瑣難理，綜合為二義。一者，因明即正理，《因明入正理論》就是一部討論因明正理這門學問的入門著作；二者是解釋陳那《正理門論》的一本入門著作。窺基在解題中是兩義兼採的，但我卻以為以第二說較為可取，因為玄奘早期弟子有神泰法師，撰《理門論述記》，論中對《因明入正理論》的題義有極清晰明確的說明：「天主（按即是商羯羅主）所造《入正理》者（按指《因明入正理論》），彼能入此，名《入正理》，略無「門」字。其猶昇階趣門，即天主所制之號；後猶因門入室，即此（《正理門論》云名也。」⑩這與窺基第五番解，所謂「因明、正理，俱陳那本論（即《正理門論》）之名，《入論》

者，方是此論（即《因明入正理論》）之稱，由達此論（即《因明入正理論》），故能入（陳那）因明正理（即《正理門論》也）。」⑪兩家之說，如合符節，所以《因明入正理論》是解釋《正理門論》的著作，可無疑義。

第二節　內容與結構

《因明入正理論》的結構，概而言之，可說由三個部分組織而成：

甲、總起頌

乙、長行

丙、總結頌

透過甲部的總起頌文（按：即「能立與能破，及似唯悟他；現量與比量，及似唯自悟。」）總提整部論文的內容，可說是本論的提綱。商羯羅主把《因明入正理論》所探討的內容分成八個主題，那就是：

一、能立——討論如何建立正確的因明論式，提出自己的主張，以曉悟敵論者。

二、能破——討論如何是破斥敵論不正確論式的有效正確方法。

三、似能立——討論在何種情況下，自己所建立的因明論式會產生謬誤，不能達成曉悟敵論的職能。（「似」是「不眞確」義）

四、似能破——討論在何種情況下，用何種方式以破斥敵論是不正確的。

五、現量——闡釋甚麼才是正確感官知覺，依此感性之知構成經驗的知識。

六、比量——闡釋怎樣才是正確的推理的知識及如何獲取這種知識。

七、似現量——闡釋在甚麼的情況下，我們的感官知覺會失卻了它的正確性。

八、似比量——闡釋在何種的情況下，我們的推理知識會失卻了它的正確性。

商羯羅主所臚列的八個主題，前四主題（即「能立」、「能破」、「似能立」和「似能破」），其目的與效用在開悟他人；後四主題（即「現量」、「比量」、「似現量」、「似比量」，其目的與效用在開悟自己，使自己的知識得以增長，以「現量」與「比量」的知識作爲建立「能立」與「能破」的基礎⑫。如是八個主題稱爲「八義」，亦曰「八門」；「悟他」與「自悟」這兩種目的與效用，概稱爲「二悟」亦曰「二益」。於是整部《因明入正理論》的探究內容就總稱爲「二悟八義」或「二益八門」。今表列如下：

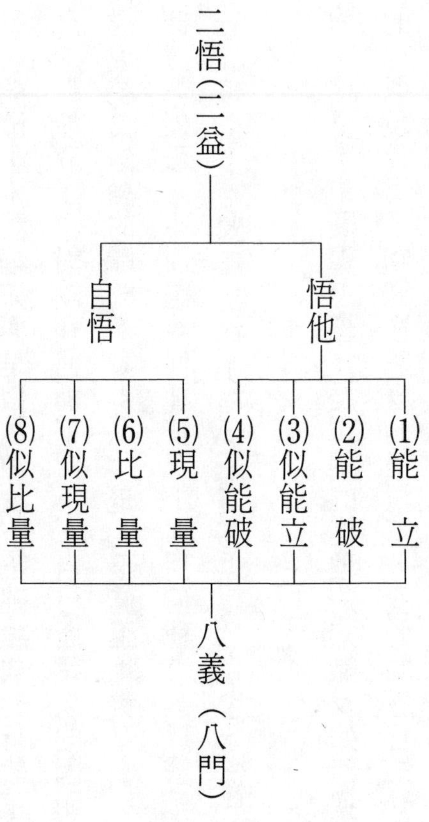

乙部是長行，即是透過散文的筆調，把上述甲部的總起頌文所提示的「二

悟八義」的八個主題連同所屬的兩種目的與效用，一一加以分析和討論，還列舉有關實例予以引證。不過乙部長行所分析討論的「二悟八義」，在先後次第方面，跟甲部所列舉的有次序上的差異。其中最大的分歧，在釋「能立」之後，跟着便闡釋「似能立」，而篇幅又是最長，內容涵攝又是最廣。然後簡述「現量」、「比量」、「似現量」和「似比量」，這「自悟四門」跟頌文所舉次第相應。最後則把「能破」和「似能破」的闡釋，放到卷末才加處理。今把長行的「二悟八義」表列如下：

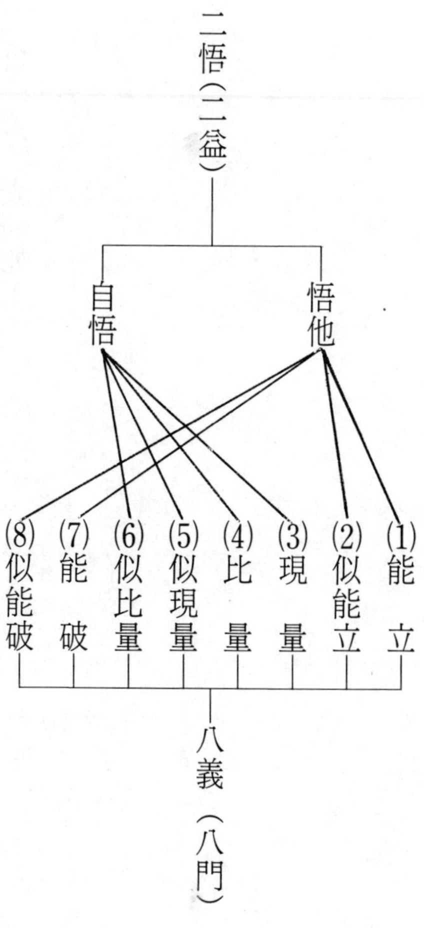

內部總結頌，就是壓卷的一首頌文，顯示《因明入正理論》只是一部入門的論著，內容還是比較簡略，欲求其詳，還得要從其他的因明論著中，加以研尋探究，所以此頌也名之爲「示略頌」。

在本章上一節「題義」中，我們曾指出商羯羅主的《因明入正理論》是闡釋陳那的《因明正理門論》的入門著作，我們若從內容和結構來比較兩本論著，不難找出更具說服力的證據，以證明前言不謬。陳那的因明著述，雖說有八，但最具涵蓋性和系統性的，則前有《因明正理門論》，後有《集量論》。以知識論爲主幹的《集量論》共有六品，分別是：

一、〈現量品〉

二、〈爲自比量品〉

三、〈爲他比量品〉

四、〈觀喻及似喻品〉

五、〈觀遮詮品〉

六、〈觀過類品〉⑬

《因明入正理論》的「二悟八義」，在內容上雖與《集量論》的六品有共通處，但在結構上則全不相應，今試表列如下：

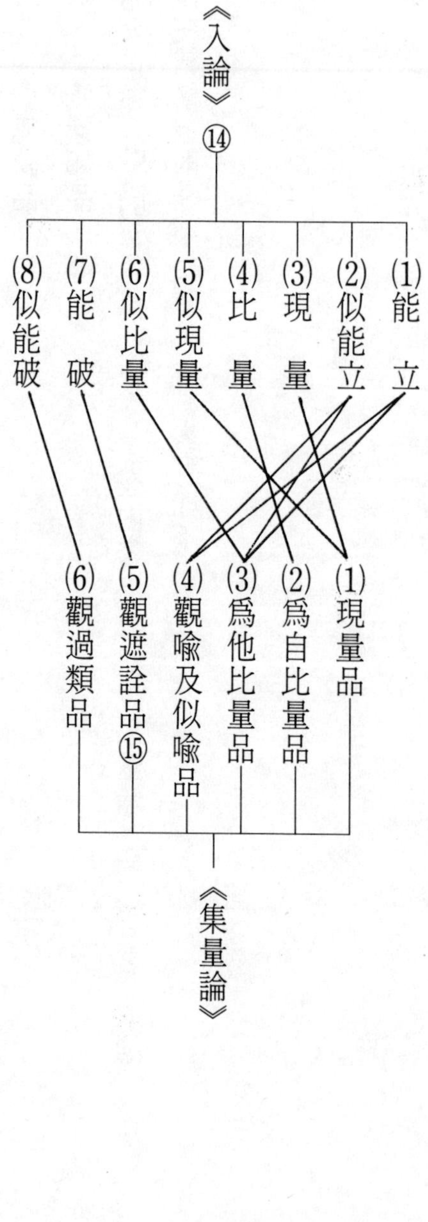

但與陳那的《因明正理門論》相較，則無論在內容上，或在結構上，《因明入正理論》跟它如出一轍，今表解如下：

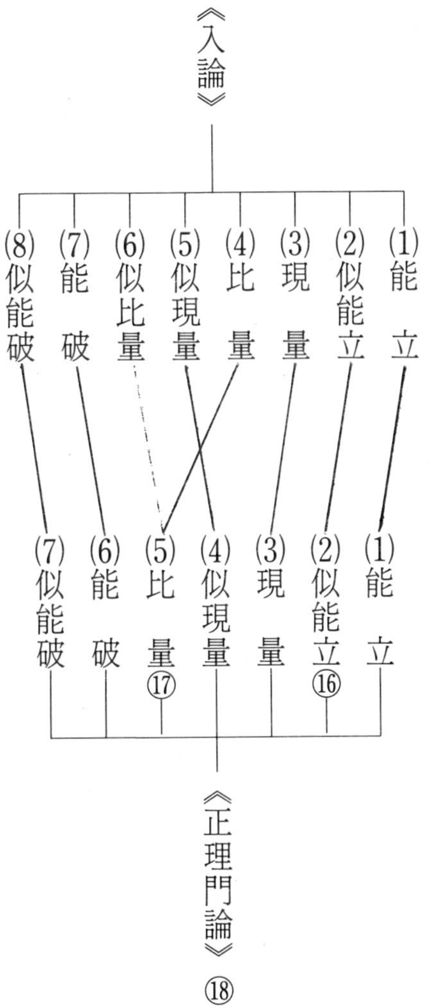

《入論》的內容及名目不特與《正理門論》相同，其結構的組織次第也十分相近，比《正理門論》還要條理化和系統化得多；此外《入論》與《正理門論》，其闡述以「能立」及「似能立」爲最詳盡，而「現量」與「比量」等則較爲簡略⑲。由此可知，二論都不以知識論爲主，而以邏輯論式及辯論術爲主。由內容與結構之比較分析的結果，二論是如此相似，那末，我們判定《入論》是《正理門論》的入門之作，可無疑義了。

註釋

①見《大正新修大藏經勘同目錄》，《法寶總目錄》卷一、頁四三七。

②見《大正藏》卷四四、頁九二。

③見《藏要》第二輯第二十四種，頁一。註文兼云：「藏本論題《量論入正理論》，陳那造。」顯然失誤，其詳於上章論作者處已經辨明，今不重贅。

④依明莊嚴（S.C. Vidyabhusana）著《印度邏輯史》（A History of Indian Logic），則僅作Nyāya-praveśa，並無tāraka一字。見該書頁二八九。

⑤tāraka一詞，有二義：一是「能度」或「令解脫」義；一是「星」義。praveśatāraka便有入令解脫義，而《正理門論》的梵文標題翻作Nyāya-dvāratāraka-śāstra中的dvāratāraka便有「解脫門」義。這都跟因明二論的內容不符，故Th.Stcherbatsky把陳那的《正理門論》只作Nyāya-dvāra by Dignāga，把商羯羅主的《入正理論》只作Nyāya-praveśa by Śaṃkarasvāmin，而沒有加進tāraka一詞。那更符合二論的內容含義。

⑥見呂澂著《因明入正理論講解》，頁四。

⑦見同註②。

⑧《大疏》引《瑜伽師地論》卷十五說：「云何因明處？謂於觀察義中，諸所有事。」窺基疏釋說：「所建立法（即三支中的「宗支」），名觀察義，能隨順法，名諸所有事。諸所有事，即是因、喻，爲因照明觀察義（宗）故。」由此可知依佛家「因明」之義，就是主要以「因、喻」證「宗」開啓智慧的一門尋求知識、論證知識的眞僞的學問。

⑨呂澂在《因明綱要》說：「今時說者更（以因明）比諸邏輯，稱其周詳。以爲佛學精英，唯識、因明二美斯並。」見該書頁三陰版。可見民初學者，已把「因明」比作「邏輯」。後呂澂有《佛學邏輯》的專著在《現代佛學》發表。

⑩見《大正藏》卷四四、頁七七。

⑪見同註②。

⑫依此看法，比量除自悟外，亦兼悟他的作用，所以呂澂把現量與比量加以表列，以顯示它們跟自悟與悟他的關係如下：

量
- 現量——自悟（感覺）
- 比量
  - 自悟（思維）
  - 悟他（用語言說出來，此即能立、能破）

見呂澂的《因明入正理論講解》，頁七。

⑬六品的名稱，呂澂的《集量論釋略抄》本跟法尊所譯的《集量論略解》本稍有出入。法尊所出共六卷，合共六品，即：現量品、自義比量品、他義比量品、觀喻似喻品、觀遣他品、觀反斷品。呂澂本先出，今依彼立諸品名目。

⑭《入論》是《因明入正理論》的簡稱，下同。

⑮〈觀遮詮品〉本是論破「聲量」等，不能離「比量」而獨立自成一類。以其與「能破」相類，故姑且說它與「能破」相似。

⑯在《入論》中，先論述「能立」，隨而繼分「似宗」、「似因」、「似喻」三節論述「似能立」。在《正理門論》（按：即《因明正理門論》的簡稱，下同）中，分「宗」、「因」、「喻」三支闡釋「能立」時，解說「宗支」之後，便釋「似宗」，「因支」之後便釋「似因」，「喻支」之後便釋「似喻」，而非完整地別立一品名爲「似能立」。今之別立，是爲方便解說而已。其詳可參考《大正藏》卷三二，頁一至頁五有關《正理門論》的全文。

⑰《正理門論》中，「現量」之後便簡說「似現量」；「比量」之後卻沒有提及「似比量」，與《入論》的「似比量」不能相配，故以虛線顯示。

⑱見註⑯。

⑲二論相較，就「似能破」這個主題言，《入論》比《正理門論》要簡略得多。

第四章　本論的版本與註釋

第一節　版本

《因明入正理論》的漢文譯本，在唐貞觀二十一年（公元六四七年），即玄奘回國譯經後的第三年，便已經完成；玄奘對本論的重視由此得見①。《入論》漢文本一直都收錄在各版藏經裡。

《因明入正理論》，除了漢文本子外，當然有它的梵文原本。但據呂澂所說②，梵本一向被認定爲已經散佚，如印人明莊嚴（S.C.Vidyabhusana）的遺著《印度邏輯史》（A History of Indian Logic）在一九二一年出版時，還說梵本已佚③。其實梵本一直保存在耆那教人的手裡。在公元十一世紀時，耆那教徒有師子賢論師，替《入論》造了詳盡的註釋。到了十二世紀，又有脇天論師和吉祥月論師各爲《入論》造了復註，不過一直沒有被人注意罷了。直到公元一九〇九至一九一〇年，才給俄人米洛諾夫發現了，進行校勘工作。到一九二〇年，印度學者對《入論》梵本也進行整理，一九三〇年，德魯瓦校刊了本論梵本和師子賢註及脇天復註，合冊出版④。到了一九三一年，俄人米洛諾夫對《入論》梵本的校勘也告完成，把它發表在法國的《通報》第二十八卷裡。於是今天的《入論》便有兩個梵文本子；但這兩個梵本的內容，跟中國玄奘所譯的漢文本是有出入的，究竟那一個本子才是定本，至今還沒有統一的看法。

現存的《因明入正理論》，除了梵本和漢本外，還有兩個藏本。據俄學者Th.Stcherbatsky所說，西藏所弘揚的因明，是陳那的《集量論》和法稱的《量評釋論》爲主，尤其是法稱的因明著作，差不多全部譯成藏文，甚至法稱因明各別學派的註釋也一起譯出，而西藏學者還有自己的藏文釋論⑤。至於陳那的《正理門論》及陳那高弟商羯羅主所造的《因明入正理論》則付闕如。所以在宋代，西藏學者知道陳那著有《正理門論》，尋找不得，後發現漢本《入論》，便把它翻成藏文，以為那就是陳那所造的《正理門論》⑥。到了元代初年，他們在迦濕彌羅找到了梵本，由一切智護和稱幢祥賢譯成藏文，但時期較晚，故今《布頓佛教史》的目錄等舊錄都沒記載⑦。所以《入論》的藏本便有兩個不同的版本。

又日本近代學者宇井伯壽，對因明的研究也很有心得。他把《入論》梵本集攏起來，先以漢文做了校訂，後還把它譯成日文，附於他所著的《佛教論理學》的卷末。《藏要》本的《因明入正理論》也應用了此等刊本（主要是梵本和藏本），把主要有出入的地方點註了出來。因此，本書也以《藏要》本為依據，取其校勘精審翔實的優點。

由此可見今之《入論》有梵、漢、藏、日四種本子。而梵本與藏本又各有兩個不同的版本可供參考。

第二節　註釋

《因明入正理論》除了在印度有師子賢、脇天和吉祥月的註釋外，當它被玄奘翻成漢文後，在中國也即時掀起了研究的熱潮，漢文註釋便相繼面世。這也可分成三期：

初期有神泰的《述記》一卷與《疏》二卷、靖邁的《疏》一卷，此外還有明覺等的註疏⑧。中期則有文備《抄》一卷、文軌《疏》二卷、璧公《疏》三卷等等，不勝盡錄。可惜這些舊疏，至今大多都已失存，只能從日僧鳳潭的《因明論疏瑞源記》的引文中，得以窺見其中的若干片斷而已。初、中期的因明疏記當中，以文軌的《疏》比較受人重視；他住在莊嚴寺，所以他的註疏被稱爲《因明入論莊嚴疏》，相對於後期窺基的《大疏》，又稱爲《舊疏》。文軌《莊嚴疏》本已散佚，今人透過鈎沈的功夫，把《莊嚴疏》的佚文，從各方面的資料收輯整理出來，可供學人參考。

後期的因明疏記，以窺基的《因明入正理論疏》最爲流行。窺基在貞觀二十二年（公元六四八年）十七歲時，捨家受度爲玄奘弟子，高宗永徽五年（公元六五四年）爲大僧，習五印語文。永徽七年（公元六五六年），二十五歲，參預玄奘在慈恩寺、西明寺、玉華寺等譯場，隨從受業。玄奘（公元六六四年）逝世後，窺基參考了前人的註疏，於公元六六六年至六六七年間，寫成了《因明入正理論疏》三卷，由於內容充實豐富，組織條貫嚴密，時人稱之爲《大疏》。可惜《大疏》未有全部完成，至「能立不成」的喻過便告中止⑨，缺了六分之一。

後來窺基的門人慧沼把其後的各段予以續成。由於慧沼的疏釋也相當繁廣，後人把它刪節，以補《大疏》所缺。慧沼原本（繁本）的續疏，在一九三三年，由支那內學院予以刊行，名之爲《因明入論續疏》，共有二卷。除了《續疏》外，慧沼還相繼撰著了《義斷》和《纂要》各一卷，再傳智周，又撰了《前記》與《後記》各三卷，此外還有道邑的《義範》三卷、道巘的《義心》一卷、如理的《纂要記》一卷等等，都是疏釋及發揮窺基的因明學的。此無怪乎窺基的《大疏》一出，他的闡釋便成爲當時因明學壇的主流，其餘初、中期的舊疏闇然失色而相繼散佚，而窺基、慧沼、智周等的作品還得以保存至今。

到了唐武宗會昌法難，不少佛典都散失了，自然也包括了窺基《大疏》；僅在宋代延壽禪師的《宗鏡錄》裡還保存了一小部分。明代也有僧人從事因明的研究，造了一些簡單的註疏，如智旭也造了《直解》一卷，所參考的資料唯有取自《宗鏡錄》的所餘部分，自然很不完全，未盡《大疏》的精要。

在日本也有不少學者對《入論》加以註釋，除上文我們提到的鳳潭《因明論疏瑞源記》八卷外，還有東大寺澵安所述的《入正理疏記》、長載所述的《疏記》、南都願建所述的《纂要集記》等八十餘種，比中國的五十餘種還要豐富。到了清末，楊仁山從日本取回《因明大疏》，對因明研究的熱潮在民初又再興起，而熊十力所撰的《因明大疏刪注》是最有分量的著作。今試把有關研究商羯羅主所著《因明入正理論》的主要參考資料臚列如下：

(1)唐、文軌：《因明入論莊嚴疏》

(2)唐、窺基：《因明入正理論疏》

(3)唐、慧沼：《因明入論續疏》
(4)唐、慧沼：《因明義斷》
(5)唐、慧沼：《因明入正理論義纂要》
(6)唐、智周：《疏前記》
(7)唐、智周：《疏後記》
(8)日、鳳潭：《因明論疏瑞源記》
(9)熊十力：《因明大疏刪注》
(10)陳大齊：《印度理則學》
(11)陳大齊：《因明入正理論悟他門淺釋》
(12)呂澂：《因明綱要》
(13)呂澂：《因明入正理論講解》
(14)羅時憲：《唯識方隅》（下卷）
(15)霍韜晦：《佛家邏輯研究》
(16)沈劍英：《因明學研究》

註釋

①至於《入論》所本的陳那《正理門論》，玄奘在貞觀二十三年（公元六四九年）然後譯出，比《入論》還要後了兩年。由此可見玄奘對《入論》的重視，比《正理門論》尤有過之。因爲《入論》所探究的「二悟八義」，差不多已涵攝了因明的各個基本問題，而對《正理門論》除闡釋外，並有所整理，有所補充，所以更有系統，更具條理。玄奘的抉擇自有其理由所在。

②見呂澂所撰的《因明入正理論講解》中的「因明入正理論的三個本子和注疏」一章。

③見明莊嚴（S.C.Vidyabhusana）的《印度邏輯史》（A History of Indian Logic），頁二八九云：「The Nyāya-praveśa is another excellent work on Logic by Dignāga. The sanscrit original is lost.」由此可見明莊嚴一方面認爲《入論》已佚，一方面又把原作者商羯羅誤認爲陳那。

④見虞愚所撰〈因明入正理論〉一文，載於《中國佛教》第三冊，頁二八六，知識出版社。

⑤見Th.Stcherbatsky的“Buddhist Logic”, Vol.I，頁五五至頁五六。

⑥按布頓的《佛教史大寶藏論》，頁二九二，在陳那的所著論典目錄中，有《因明入正理論》，說是拉卻李仁清（法寶）譯，缺若干卷。呂澂在譯本後面附言說：「此乃藏人一向稱爲理門論者。虞愚則謂這是漢人勝藏主和教童所譯，並經漢人法寶校訂。」（見註④），跟今本郭和卿所譯布頓《佛教史大寶藏論》所載譯者微有出入，有待考證。

⑦同見註④。

⑧其詳可參考《大正新修大藏經勘同目錄》頁四三七至四三九、日僧鳳潭的《因明論疏瑞源記》卷末所附的〈因明本文經論疏記總目〉及呂澂著《因明入正理論講解》第一章「因明入正理論的三個本子和注疏」。

⑨《因明大疏》原本不全，在「似喻能立不成」的原文以下就缺掉了。呂澂認爲窺基在寫作時可能根本就沒有完成。見呂澂的《因明入正理論講解》，頁三。

第五章　因明論證的剖析

第一節　因明的探討範圍

商羯羅主的《因明入正理論》，其探討的主題內容有八，即：能立、能破、似能立、似能破、現量、比量、似現量、似比量。前四「義」的作用在悟他，後四「義」的作用在自悟，整合稱爲「二悟八義」或「二益八門」。如此八個主題已概括了因明所研尋的最基本問題。一如前文所述，因明不等同於西方邏輯，它卻涵攝了邏輯成分、知識論成分和辯論術成分。我們不妨把「八義」與「三種成分」的相應關係表解如下：

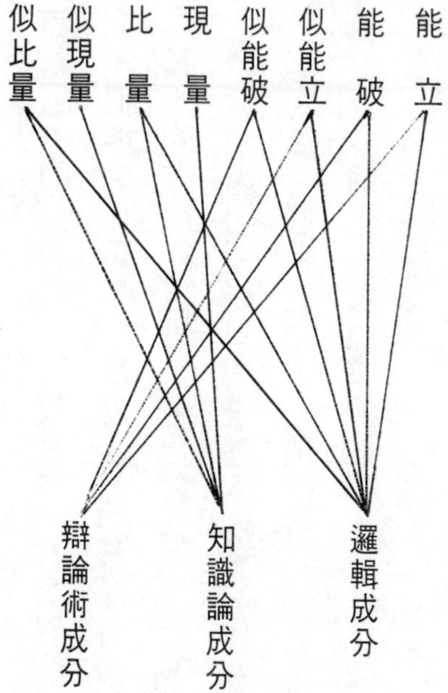

從上表可見《入論》的「八義」中，與「邏輯」相關的有六（即：能立、能破、似能立、似能破、比量、似比量），與「知識論」相關的有四（即：現量、比量、似現量、似比量），與「辯論術」相關的亦有四（即：能立、能破、似能立、似能破）。而《入論》的篇幅，以探討「能立」與「似能立」最廣，佔去了約七分之六，其餘論及「現量」、「比量」等六個主題的僅約佔七分之一的篇幅。可見《入論》的探討重點不在「知識論」，而在「邏輯」與「辯論術」，因爲「能立」和「似能立」都具「邏輯成分」與「辯論術成分」故。

「入論八義」中，「現量」是一切知識的源泉與基礎；若沒有「現量」，則一切概念失去了所指謂的對象，一切名言概念都失去了意義，因此「比量」便不能建立。「比量」雖說是自悟，但用語言文字表達出來，便成「能立」與「能破」；「比量」若不成，則一切悟他的「能立」、「能破」都無從說，（「眞者」固然如是，即使「似者」如「似能立」、「似能破」等亦當應知。）由是可知「比量」實在是佛家因明的核心主題所在①。今將「八義」中的四種眞義（四種似義從屬四種眞義，其理可知，故不重列）的相互關係表解如下：

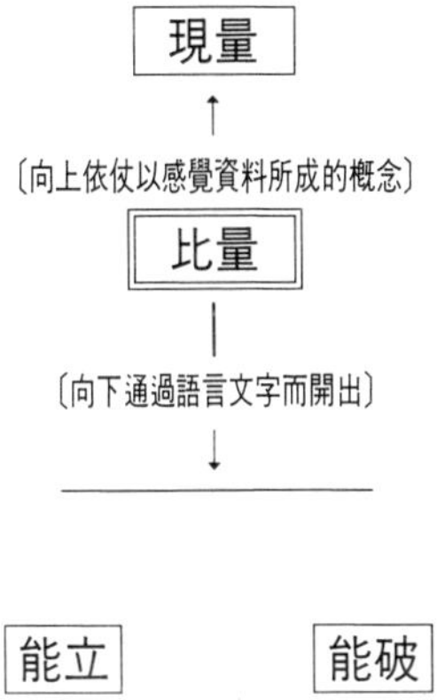

由於「比量」是因明核心所在，他向上以「現量」所成的概念爲依據，向下開出悟他的「能立」與「能破」；而「比量」的自身又是自悟的途徑，所以了達了「比量」的結構與論證的特色，無疑對《因明入正理論》的「二悟八義」的探討，必然有不少的幫助。因此，在闡釋《入論》的論文之前，讓我們對「比量」的三支結構，先來個概略性的分析。

第二節 比量三支結構的邏輯分析

《因明入正理論》中的「比量」與「能立」的結構本來是同一的，都是以「三支作法結構」爲論式，它是從「正理學派」和「古因明」的「五支作法」修正而成的。「五支」舉例如頁左：

<table>
<tr><td>宗：彼山有火 。
（凡S爲P）②</td><td>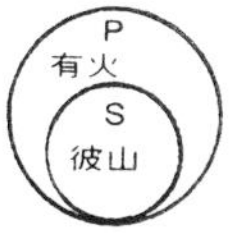
〔圖1〕</td></tr>
<tr><td>因：以（彼山）有煙故。
（凡S爲M）③</td><td>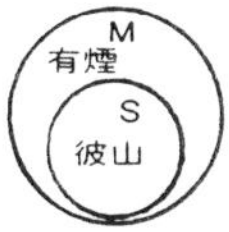
〔圖2〕</td></tr>
<tr><td>同喻：如灶，見彼有煙及以有火。
（如X，X爲M及爲P）④</td><td>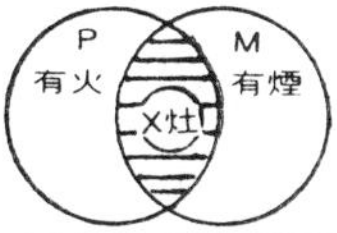
〔圖3〕</td></tr>
<tr><td>合：彼山亦如是，
以有煙故。
（凡S爲M）</td><td>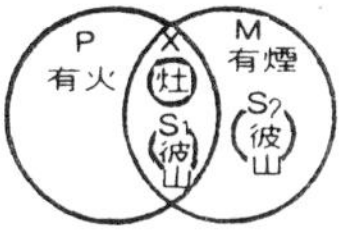
〔圖4〕</td></tr>
<tr><td>結：故彼山有火。
（∴凡S爲P）</td><td>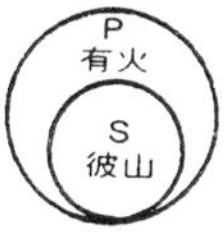
〔圖5〕</td></tr>
<tr><td>異喻：如水，見彼無火 ，
及無有煙。
（如Y，Y爲～P及～M）⑤</td><td>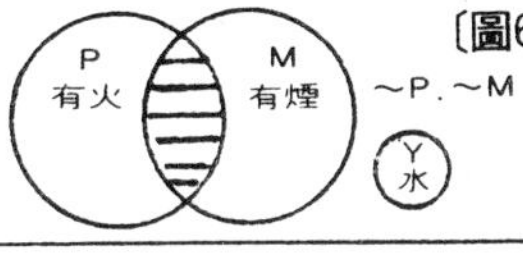
〔圖6〕</td></tr>
<tr><td>合：彼山不如是，
以有煙故。
（凡S爲M）</td><td>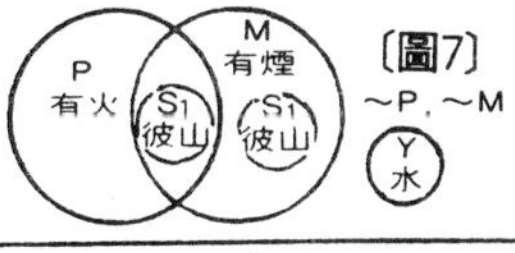
〔圖7〕</td></tr>
<tr><td>結：故彼山有火。
（∴凡S爲P）</td><td>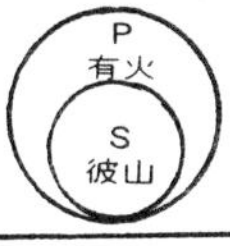
〔圖8〕</td></tr>
</table>

從上述的五支比量的舉例、符號化及圖解過程所顯示，「五支作法」是可以分成三個論證階段的：

第一、「建立論點階段」。在此階段中，如是自悟的「爲自比量」，就出示一個待證的假定；若是悟他的「爲他比量」，就出示一個待證的「所立主張」。這就是五支中的「宗支」，如前例中的「彼山有火」，見〔圖1〕所示。

〔圖1〕

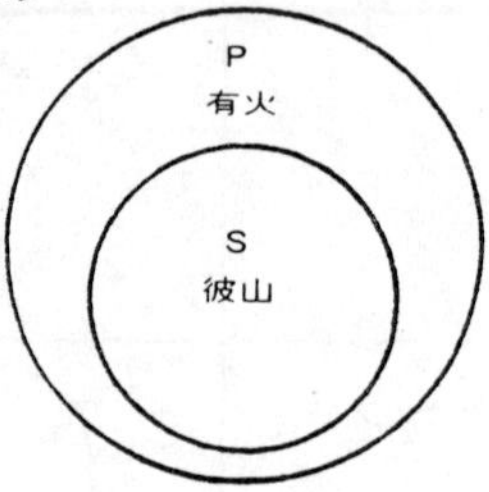

〔凡S爲P〕

第二、是「提出論據階段」。在這階段中，立量者得要提出一個充足的理由或條件（sufficient condition），以證明上一階段所出示的「宗支」（即待證的假定或待證的主張）是正確無誤的。這就是五支中的「因支」，如前例中

全佛文化事業有限公司

讀者回函卡

請將此回函卡寄回，我們將不定期地寄給您最新的出版資訊與活動。

購買書名：________________

購買書店：________________

姓　　名：________________　性　　別：□男　□女

住　　址：________________

連絡電話：(O)________________　(H)________________

出生年月日：________年________月________日

學　　歷：1.□高中及高中以下　2.□專科　3.□大學　4.□研究所及以上

職　　業：1.□高中生　2.□大學生　3.□資訊業　4.□工　5.□商
6.□服務業　7.□軍警公教　8.□自由業及專業　9.□其他____
職務：________修持法門：________依止道場：________

本書吸引您主要的原因：
1.□題材　2.□封面設計　3.□書名　4.□文字內容　5.□圖表
6.□作者　7.□出版社　8.□其他________________

本書的內容或設計您最滿意的是：

____

對我們的建議：

____

台北郵政第26～341號信箱

全佛文化事業有限公司

地址：　　市　鄉鎮　　請寫郵遞區號……

縣　市區　路(街)　段　巷　弄　號　樓

姓名：

的「以彼山有煙故」，見〔圖2〕所顯示的：

〔圖2〕

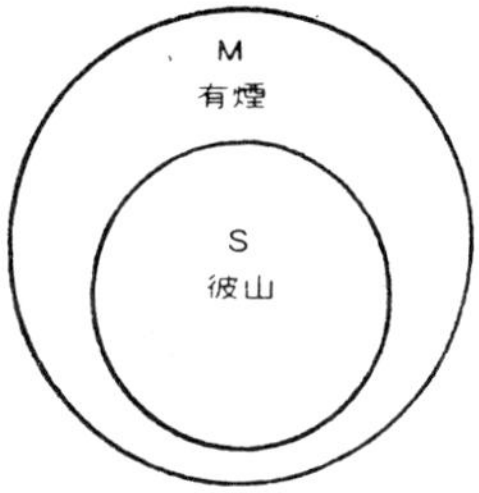

〔凡S爲M〕

在理論上言，「因支」雖然是建立「宗支」的充足理由或條件，是支持「論點」的充足「論據」可是在言說的詮表上，「因支」還不能達到這個目標，因爲我們不能單靠「彼山有煙」（凡S爲M）此「因」，以證成「彼山有火」（凡S爲P）那個待證的「宗」。

〔圖1〕

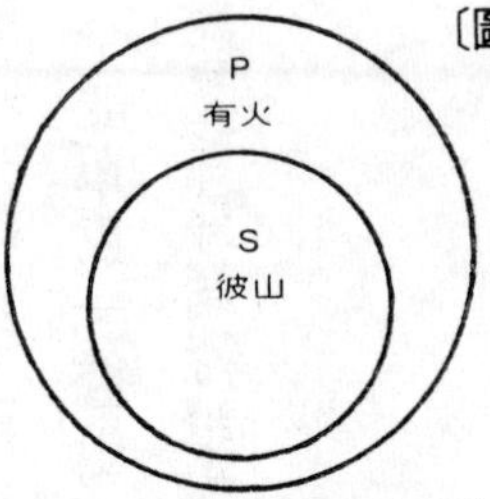

（彼山有火）
〔凡S為P〕

不能證成

〔圖2〕

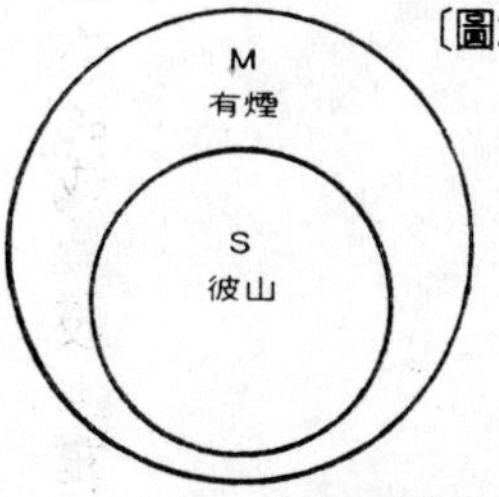

（彼山有煙）
〔凡S為M〕

這因為〔圖2〕跟〔圖1〕是各自獨立的，並沒有顯示出「M」與「P」（即「煙」與「火」）有甚麼關係。為要顯示「煙」與「火」（即「M」與「P」）的關係，便需要更有第三個階段。

第三、是「補述論證階段」。在這階段中，五支作法分別從正反兩面提出了「同喻」與「合、結」及「異喻」與「合、結」這一連串的六個語句作為論證。

評鑒一：「同喻」與「合、結」的論證是：

〔圖4〕

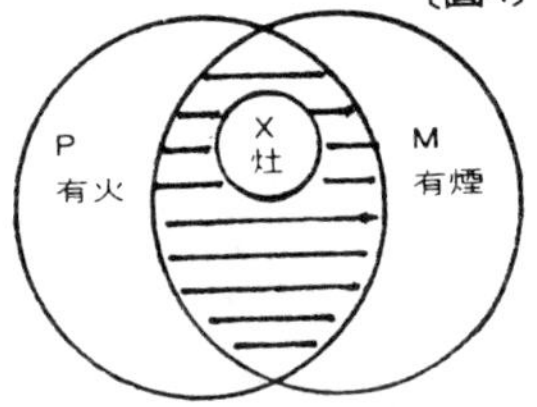

（如灶，見有煙及有火）
〔如X，X爲M及爲P〕

＋

〔圖5〕

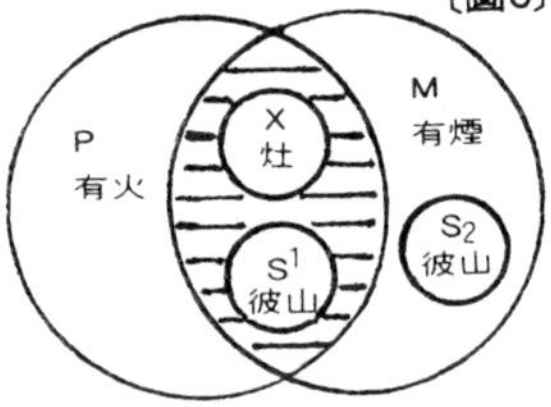

（彼山亦如是，以有煙故）
〔凡S爲M〕

↓

〔圖6〕

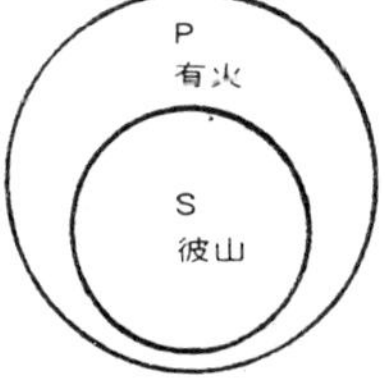

（故彼山有火）
〔凡S爲P〕

但上述的論證是沒有效的（invalid），因爲這只是一個「類比推理」（analogy），以「灶」爲例子，於「灶」雖「有煙」及「有火」，但由於「有煙」與「有火」在「同喩」中顯不出它們固定的「不相離關係」：它可能如上述〔圖3〕中的一種相交的關係，也可能是一種「有煙則有火」或「有火則煙」的涵蘊關係。今平列三種可能性如下：

依彼「同喻」，則「合支」的「彼山亦如是，以有煙故」，實不能決定推出「結支」的「彼山有火」，因為「彼山」在「有煙及有火」的關係中的位置情況不決定故，如下列各圖所示：

〔圖3〕

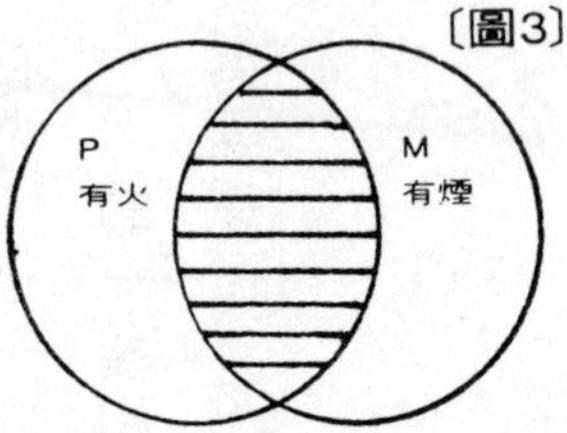

〔P與M相交〕

或

〔圖9〕

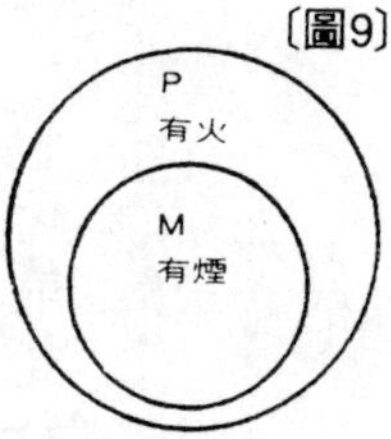

〔M涵蘊P〕

或

〔圖10〕

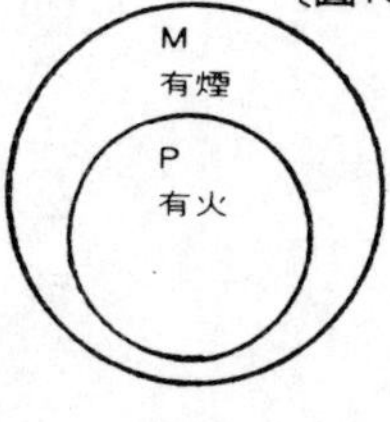

〔P涵蘊M〕

〔圖3〕

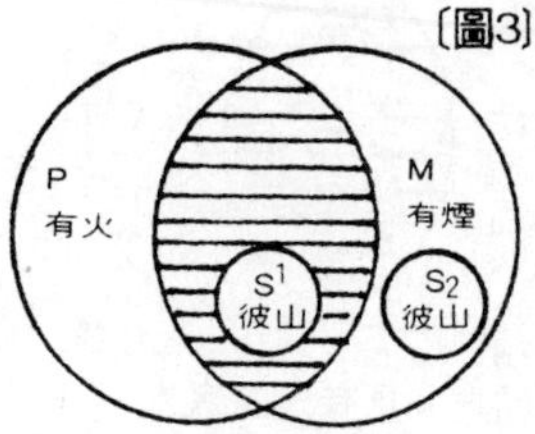

或

〔圖9〕

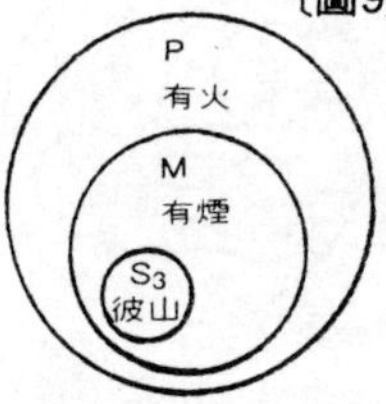

或

〔圖10〕

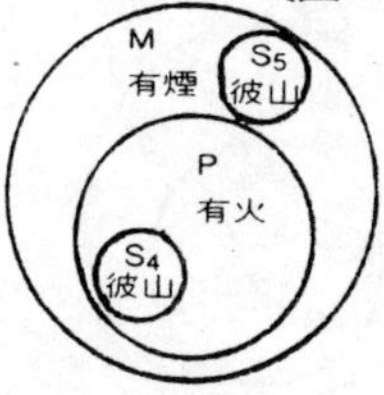

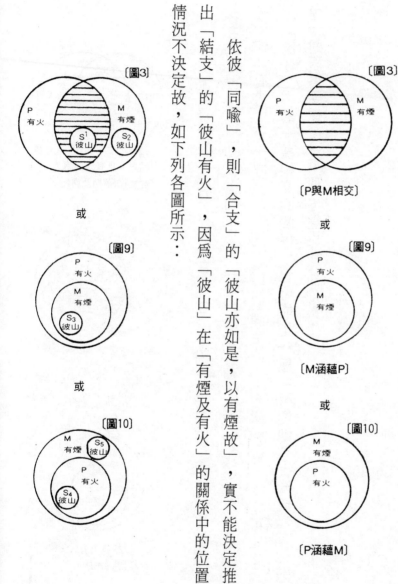

於上述圖解中，「彼山」（S）有五種可能的情況，只有「S_1」、「S_3」及「S_4」的三個情況，「彼山」才是「有火」；若在「S_2」、「S_5」的情況，則「彼山」不必「有火」。既然「彼山是否有火」有這麼多的可能性，那就不能決定證成「彼山有火」這個「宗支」是正確無誤的了。

評鑒二：至於「異喻」與「合、結」的論證，大概同於「同喻」，都是「類比推理」，分析如下：

〔圖5〕

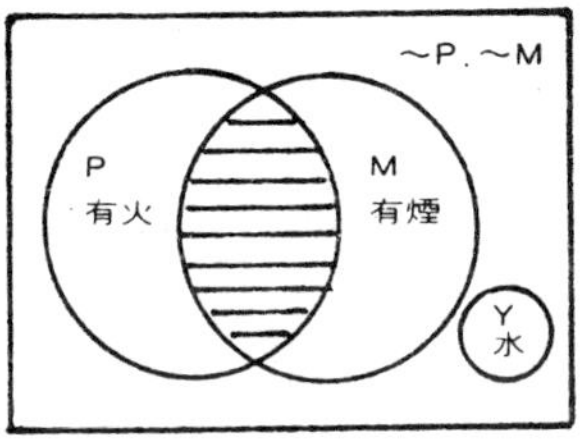

（如水：見彼無火及無有煙）
〔如Y：Y爲～P及～M〕

＋

〔圖6〕

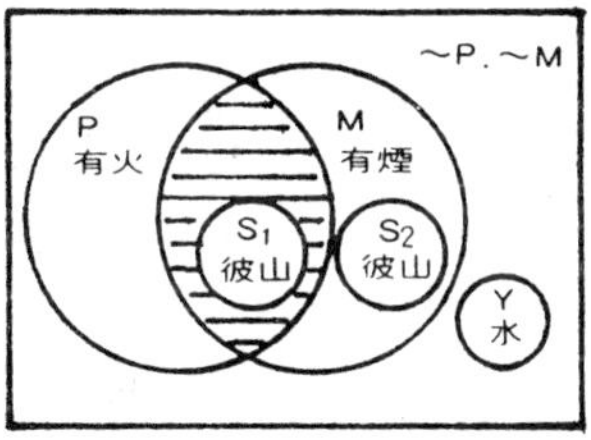

（彼山不如是，以有煙故）
〔凡S爲M〕

↓

〔圖7〕

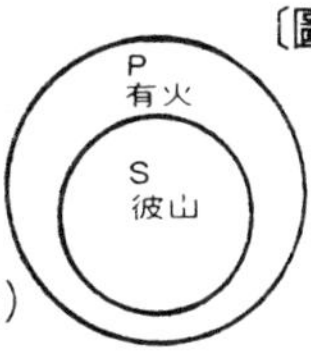

（故彼山有火）
〔凡S爲P〕

但上述的論證也是無效的，因爲雖從反面作「類比推理」，但「有火」與「有煙」的關係仍得不到決定，仍具有多種可能性，則「彼山」雖「有煙」，不同於「水」之於「煙、火俱不有」，但也無法證明「彼山有火」，茲作簡單的表解如下：

〔圖6〕

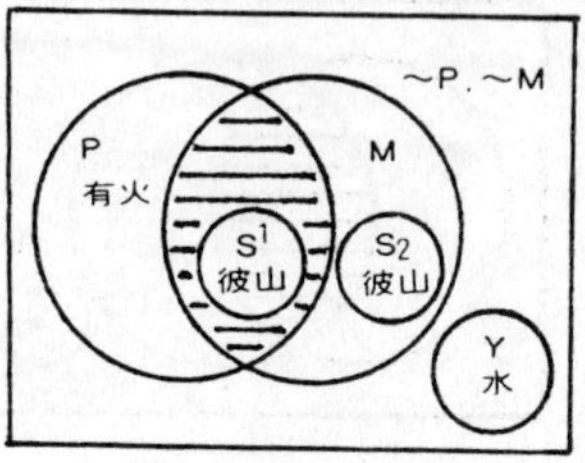

或

〔圖11〕

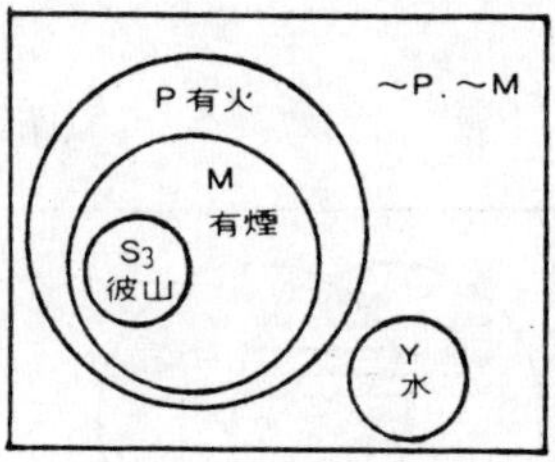

或

〔圖12〕

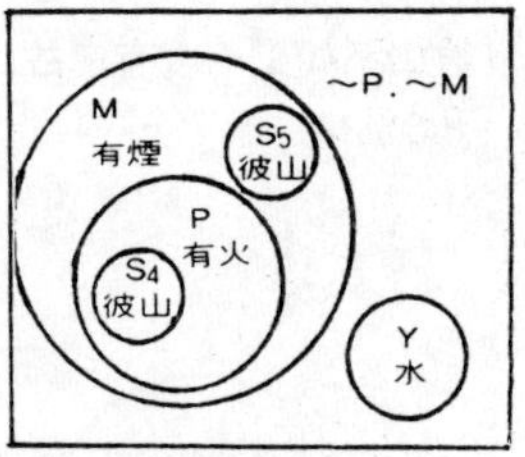

在上述三圖中，正顯示出「異喻支」所表達出「有煙」與「有火」之間的各種可能性，同時也顯示出「彼山」（S）在「有煙」與「有火」的關係中所處不同的可能位置。審察上〔圖6〕以至於〔圖12〕，我們發現〔彼山〕只有在〔S_1〕、〔S_3〕及〔S_4〕的情況下，才是「有火」；若在〔S_2〕和〔S_5〕的情況，則「彼山」不必「有火」。情況既然不定，所以我們也不能通過「異喻」及「合、結」而得以有效地論證彼「宗」（「彼山有火」）是必然正確的。

評鑒三：「同喩」、「異喩」都不足以證明所立的「宗支」無誤。所以陳那有必要把古因明的「五支比量」修正，因而建立了「三支比量」的論式，以使因明比量論證的有效性得以提高。

陳那是中期因明（即新因明）的始創者。他一方面把因明的「五支作法」修正爲「三支作法」；一方面制訂了「因三相」以確保能立的「因」與「喩」可以證成所立的「宗」（主張）。商羯羅主造《因明入正理論》，也繼承了陳那「三支作法」與「因三相」的創見。今先把「三支」的例子分析如左頁：

宗：彼山有火。 (凡S爲P)⑥	〔圖1〕 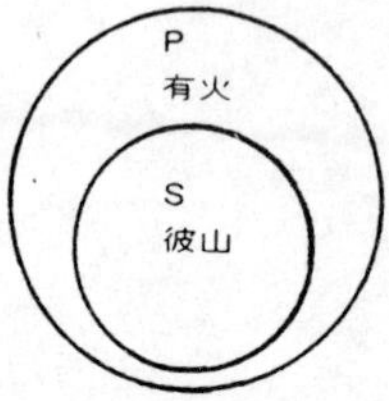
因：以(彼山)有煙故 。 (凡S爲M)	〔圖2〕 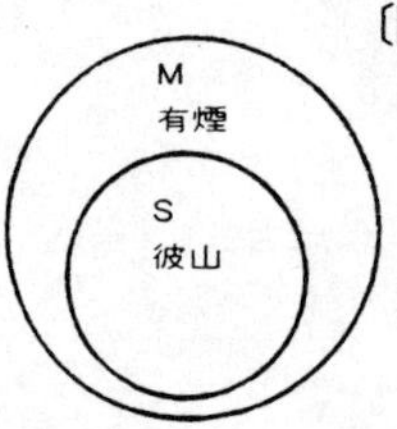
同喩： 喩體：若彼有煙，見彼有火。 (凡M爲P)⑦ 喩依：如灶。(如P_1)	〔圖3〕 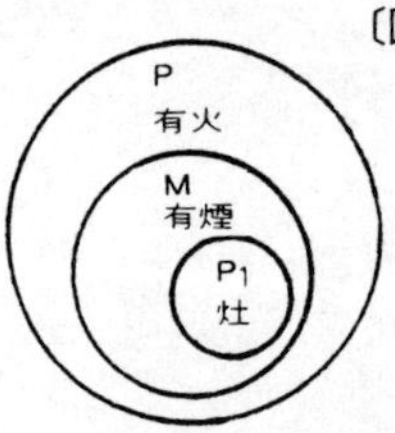
異喩： 喩體：若彼無火，見彼無煙 。 (凡～P爲～M)⑧ 喩依：如水。(如～P_1)	〔圖4〕 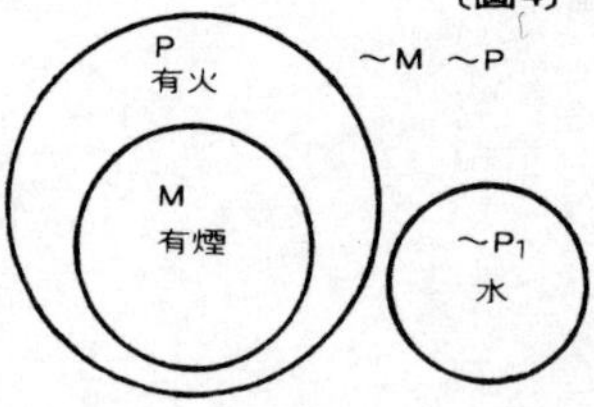

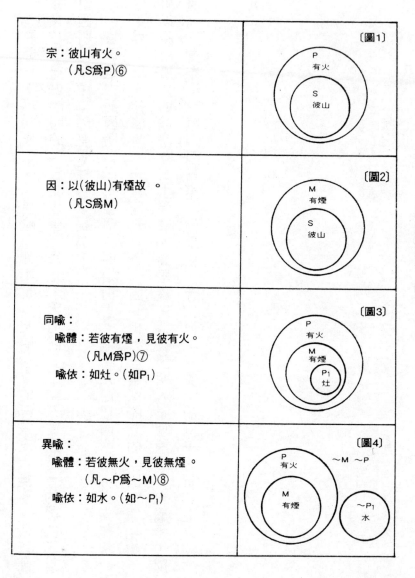

從上述的「三支比量」的論式中，可見《入論》的「比量」論證過程如下⑨：

第一、是「建立論點階段」。

這階段的陳述方式與作用同於「五支比量」的立宗。那就是如果屬自悟的「爲自比量」，則出示一個待證的假定；若是悟他的「爲他比量」（即「八義」中的「能立」或「（立量破）能破」，就出示一個待證的「主張」。這就是以三支中的「宗支」來承擔它的職能，如前例中的「彼山有火」，見〔圖1〕所示：

〔圖1〕

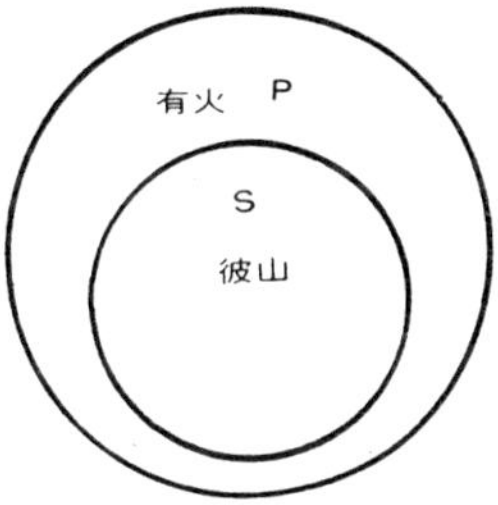

〔凡S爲P〕

第二、是「提出首論據階段」。

此亦同於「五支比量」的第二階段。於此階段，提出「首論據」以支持上一階段的「論點」。如於「爲自比量」中，提出「彼山有煙」作依據，藉以證明前頭「彼山有火」的假定是有理論上的論據的；同理，如於「爲他比量」中，提出「首論據」以支持前頭的「論點」，使敵論者理解、信受而開悟。於三支中，以「因支」來承擔這種職能，如前例中的「以（彼山）有煙故」，見〔圖2〕所示：

〔圖2〕

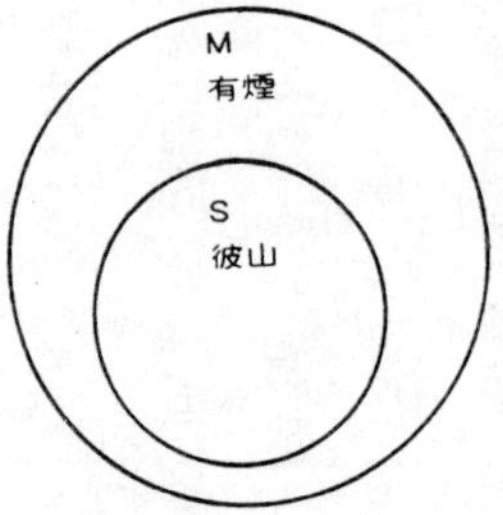

〔凡S爲M〕

此間「論據」的「因支」跟前「論點」的「宗支」有一連繫，那就是彼此有着同一的主語「S」（即例中的「彼山」），在「宗支」說「凡S爲P」。在「因支」則說「凡S爲M」。即〔圖1〕與〔圖2〕所顯示的關係：

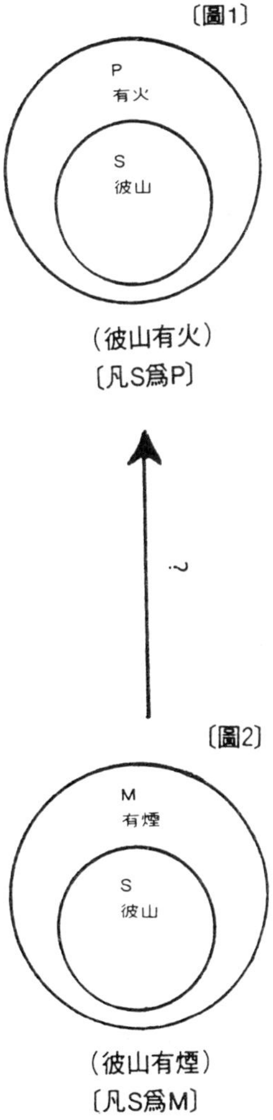

我們能否單憑「首論據」的「凡S爲M」（如說「以（彼山）有煙」來證明「凡S爲P」（如說「彼山有火」）？這當然還不可能，因爲「凡S爲M」與「凡S爲P」雖然都以「S」爲論謂對象（即以主語的「彼山」爲對象），但彼此的謂語「M」與「P」（即「有煙」與「有火」）的關係還沒有清楚交代。它們的「不相離性」還沒有建立，所以這個比量論證還沒有完成。

第三、是「提出次論據階段」。

在這個階段，立論者清晰地從正反兩面交代出「M」與「P」（「有煙」與「有火」）的關係，以作爲論證「凡S爲P」（如例中的「彼山有火」）的另一依據。從正面來說，標示「凡M爲P」如「P_1」（即「若是有煙，見彼有火，如灶）。以〔圖3〕示之：

〔圖3〕

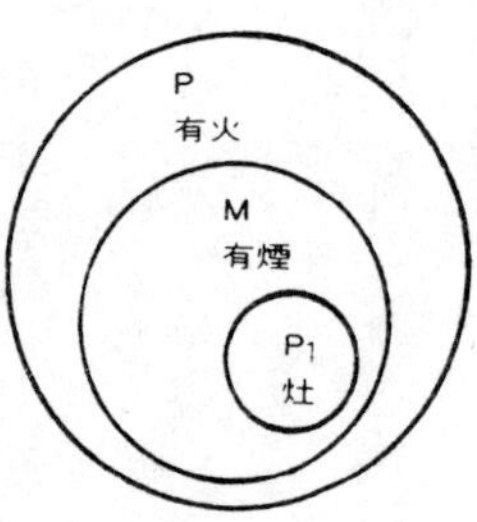

於是從正面建立了「M」與「P」（即「有煙」與「有火」）的「不相離」關係，而且指出了「有煙」則「有火」，如灶，以「M」涵蘊「P」，以「P_1」爲實例。因爲以「P_1」（如灶）爲實例故，則「凡M爲P」這判斷不單只是原則性的命題，而且還是有分子的存在命題。這就是「三支比量」中的「同喻體」附以「同喻依」了。於正面之外，還從反面建立了「$\sim P$」與「$\sim M$」（即「無火」與「無煙」）的「不相離」關係，而且還指出了「無煙」則「無火」，如「水」∴以「$\sim P$」涵蘊「$\sim M$」，即「凡$\sim P$爲$\sim M$」，以「$\sim P_1$」爲實例。因爲以「$\sim P_1$」（如水）爲實例，則「凡$\sim P$爲$\sim M$」便不單只是原則性命題，而且具有眞實分子，故兼是存在性命題。這就是「異喻體」及所附的「異喻依」了。如〔圖4〕：

〔圖4〕

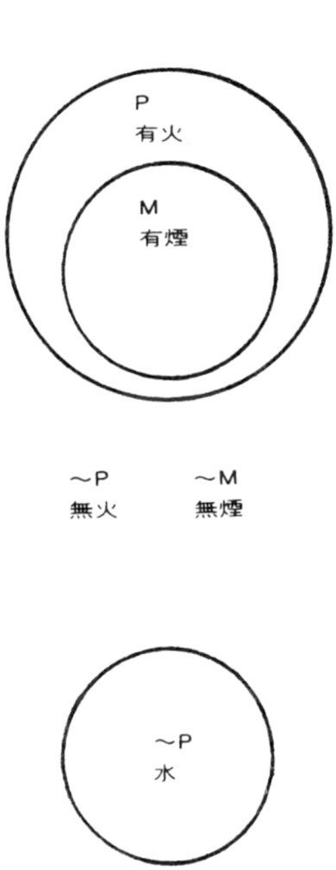

評鑑一∴我們在「三支比量」中的第二階段及第三階段分別顯示了「S」與「M」（「彼山」與「有煙」）的「不相離」關係，即「凡S爲M」（即

「以（彼山）有煙故」），也顯示了「M」與「P」（如「有煙」與「有火」）的「不相離」關係，即「凡M爲P」，兼且更從反面顯示了「～P」與「～M」（即「無火」與「無煙」）的「不相離」關係，即「凡～P爲～M」。那末，我們便有充足的論據以論證「宗支」（「凡S爲P」），（即例中所設的「彼山有火」）是正確無誤的⑩。今以「因支」結合「同喻體」爲例，以見其足以證成「宗支」：

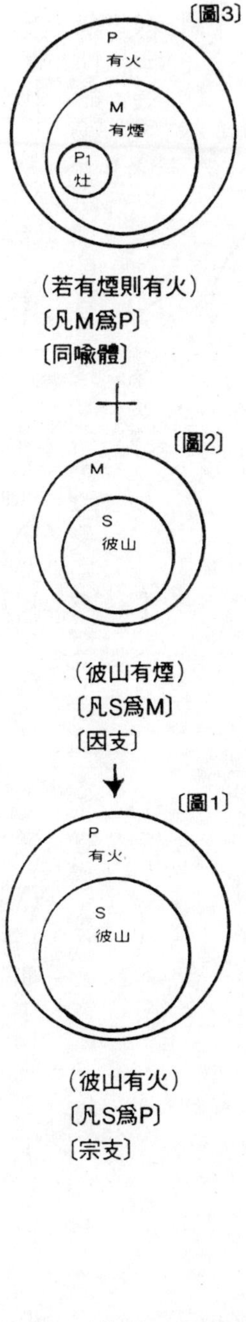

評鑒二：我們也可以從第二階段中的「因支」（「凡S爲M」）及第三階段中的「異喻體」（凡～P是～M）結合起來，以證明第一階段中的「宗支」

（「凡S爲P」）的假設是正確無誤的：

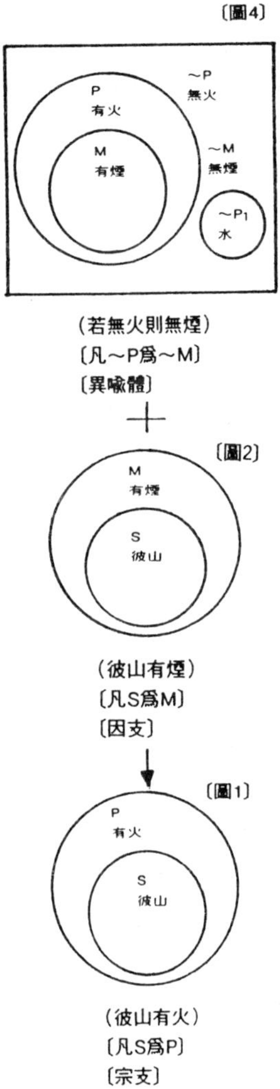

何以「異喻體」或「同喻體」連同「因支」都足以證成「宗支」呢？因爲「異喻體」（「凡～P是～M」與「同喻體」（凡M爲P）是「邏輯等值」的(logically equivalent)，那就是：

凡～P爲～M ≡ 凡M爲P⑪

所以「凡～P爲～M」的〔圖4〕與「凡M爲P」的〔圖3〕除了「喻依」的「P_1」及「～P_1」外，「M」與「P」的涵蘊關係都是相同的，即都可繪成：

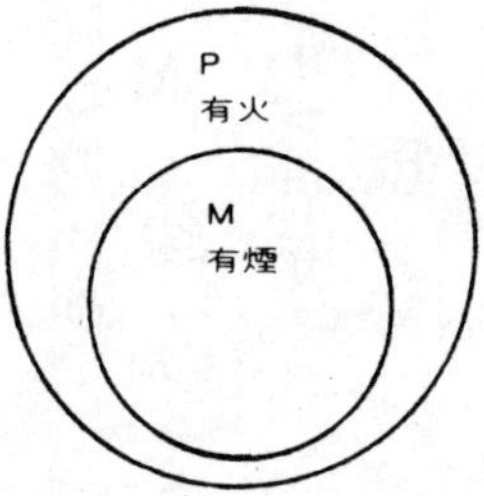

如是「異喻體」連同「因支」（即「凡～P為～M」及「凡S為M」）或「同喻體」連同「因支」（即「凡M為P」及「凡S為M」都可以證成「宗支」（「凡S為P」）無誤，如圖解：

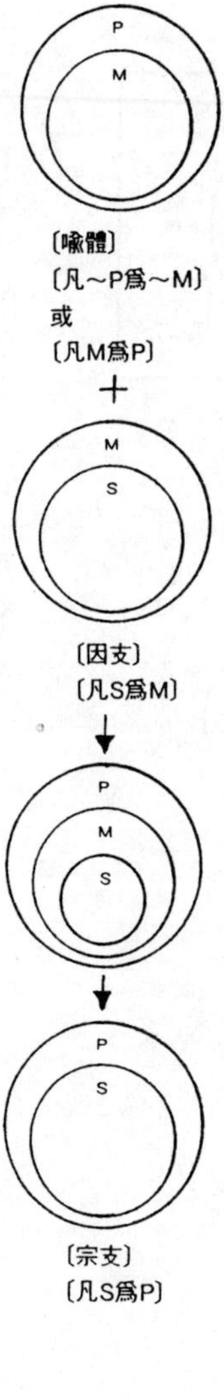

評鑒三：「同喻體」結合「因支」可以證成「宗支」的正確性，所以我們深信陳那與商羯羅主的「三支比量」是邏輯論證中的一種有效的論式；同時單以「異喻體」結合「因支」亦可以證成「宗支」的正確性，所以這種「三支比量」的論式也是有效的（valid）。

既然如此，則「三支比量」何必「同喻」與「異喻」並舉？我們以爲原因有二：一者、「三支比量」是繼承「五支比量」的傳統而來的，「五支比量」是「同喻」與「異喻」是並舉的，所以「三支比量」其完整的論式也應「同喻」與「異喻」並舉⑫；二者、舉「同喻體」（如「凡M爲P」）可以明確顯示「因法」（「M」）與「宗法」（「P」）的彼此「相合關係」；舉「異喻體」（如「凡～P爲～M」），則可以明確顯示「無宗法」（「～P」）必「無因法」（「～M」）的彼此「相離關係」。如是能使敵論者得以從正反兩面了知「因法」（「M」）與「宗法」（「P」）的全面而正確關係，對整個「比量」更能深信不疑。故並舉「同喻體」與「異喻體」，心理因素遠比邏輯因素爲大；依邏輯因素，一如窺基《大疏》引《正理門論》所說，單舉其一亦可，甚或二俱不舉，亦不爲過⑬，因爲「因支」若「三相具足」，於理已涵「同喻」、「異喻」（名爲「同品」、「異品」）的理論，後當詳說。

評鑒四：「三支比量」中的「宗支」，類似「邏輯三段論式」（syllogism）的「結論」（conclusion），而「因支」與「小前提」（minor premise）相類，「同喻或異喻體」則與「大前提」（major premise）相類，表列如下：

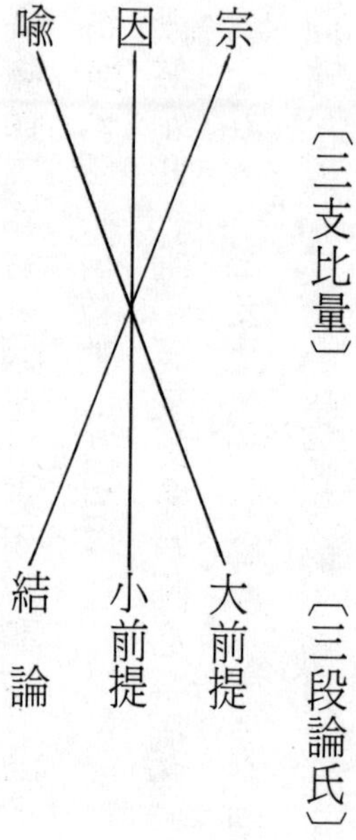

既是相類，何以「三支比量」「先宗而後因、喻」，而不如「三段論式」

這種從「大前提」、「小前提」推演成「結論」？為解此疑，我們首先要澄清一個重點，那就是「因明」（尤其是陳那時代及陳那以前的「古因明」）雖含有「邏輯成分」，但其本質並不等同於西方演繹邏輯（其差異後當有所交代），所以「三支比量」的「宗」、「因」、「喻」三支的排列次序，沒有必要跟「三段論式」的「先大、小前提然後結論」的形式相同。

明乎此，再讓我們探討「三支比量」先立宗、再出因、後引喻的原因所在：一者、陳那建立「三支比量」是從「正理學派」及「古因明」的「五支比量」修正而來的。「五支比量」繼承印度正理派的傳統，先宗，後因，隨而是喻、合、結。「五支」的困難在喻、合、結不能顯示「因法」與「宗法」的「不相離」關係，因而無法證成「宗支」的正確性，所以陳那廢「合」、「結」，把「喻」開為「喻體」與「喻依」，證宗的困難便告解決。證宗困難既無關於宗、因、喻的排列次第，故陳那實沒有必要改動先宗，後因、喻的次第。

二者、因明的目的在自悟與悟他。在自悟尋找新知識的歷程中，有時固然可以從已有知識向前推演，以求取新知識，一如西方的演繹邏輯這樣先前提而後結論，不過有時也可先來個假設（立宗），然後細心求證（辨因、引喻），以決定先前的假設是否可以成立，如果求證無誤，那假設便得成爲眞實的知識了。「三支比量」正是採取這種先宗而後因、喻的「歸證方法」⑭，至於「歸證」的歷程當於下文釋「因三相」中重加闡述。由此可見「由前提到結論」的「推演方法」或「先宗後因、喻」的「歸證方法」都無妨新知的研尋，所以不可以因其排列次第有異而論其軒輊。

三者、就「爲他比量」（即《入論》「八義」中的「能立」）言，立量的目的，在於開悟他人，因爲在印度不同哲學或宗教的思想交流中，往往是通過辯論來進行的，如上文我們提及玄奘在曲女城十八日的無遮大會裏，提出了「眞唯識量」便是一個很好的例子。在辯論的過程中，無論建立主張，或破斥敵論，都需要首先確定辯論的題目；這個辯論的題目正是「三支比量」的「宗支」。因明「三支比量」就是淵源於辯論的需要而創立的，因此爲要突出辯論的主題，所以先要建立「宗支」，決定了辯論的內容與方向，使敵論者可以提出質詢，方便論辯的進行，然後由立論者出示「因支」和「喻支」作爲論據，藉以論證「宗支」的主張論點沒有失誤。由此之故，「三支比量」的論式，先宗然後因喻，這是非常合理，非常自然的安排⑮。即使在今日的正式辯論中，一般仍然採取先訂辯論題目，然後進行論辯的程序。訂題目便是「立宗」，進行論辯就是「出因」和「引喻」；在立敵雙方的脣槍舌劍的交往裏，雖然也可以運用「先前提、後結論」的演繹方式⑯，不過從整個辯論的過程來看，仍然離不了先宗後因喻的「歸證方式」。

四者、就著書立說而言，論著的主旨固然可以放於卷末或書末，但一般多置諸卷首，如龍樹的《中論》，開卷便立「不生亦不滅，不常亦不斷，不一亦不異，不來亦不出」；這便是「立宗」，以後的闡釋便是「辨因」、「引喻」。

由上述四義，分別從因明發展歷史和「比量」作用方面，闡述了「三支比量」採取「先宗而後因喻」的「歸證形式」之由，讀者若了達而有所得，則不必再求「三支」的次第必須與西方演繹邏輯的「先前提、後結論」的形式彼此一致了。

我們已知陳那及商羯羅主的「三支比量」的論證形式，是先立論點，後出論據的「先宗然後因喻」的「歸證方式」，但「宗」、「因」、「喻」之間有沒有建立一些原則使「三支」的關係連結起來，進而使「三支比量」在結構上或論證的本質上（除「三支」的排列次序外）有異於西方邏輯的「三段論式」呢？答案是肯定的，主要的原則就是「因三相」。要成立「宗支」與「喻支」雖然都各有自己要遵守的原則，但「因支」卻是證成「宗支」的主要的論據，所以「因三相」成為建立正確「三支比量」的關鍵因素。所謂「因三相」是指：一、遍是宗法性，二、同品定有性，三、異品遍無性。今依前例分析如下：

宗：彼山有火。〔凡S為P〕

因：以（彼山）有煙故。〔（凡S）為M〕

(1)遍是宗法——彼山有煙〔凡S為M〕

(2)同品定有——最少有灶為例，灶若有火，它可有煙。〔有P為M，如P_1等〕⑰

(3)異品遍無——如水無火便無煙，乃至一切無火處皆無煙。〔～P_1是～M、～P_2是～M……～P_n是～M，凡～P為～M〕⑱

所謂「遍是宗法」者，即指「宗的前陳（S）遍有此因（M）」，若以符號化，則成「凡S爲M」，即例中的「彼山有火」。這正是「因支」所顯示的文字。這是「因第一相」。不過正確有效的「因」不只要符合所顯示的「因第一相」，它還必須附在「因支」字面上沒有顯示的「因第二相」和「因第三相」。「因第二相」即「同品定有（此因）」（有P爲M），如例中所說「最少有灶爲例，灶若有火它可有煙」；「因第三相」即「異品遍無（此因）」即（凡〜P爲〜M），如例中所說「如水無火便無煙，如是乃至一切無火處皆無煙」。如是訂立「因三相」的原則有甚麼作用呢？

宗：彼山有火。〔凡S爲P〕

（這是待證的論點）

因第一相：彼山有煙。〔凡S爲M〕

（這是首證據）

〔圖1〕

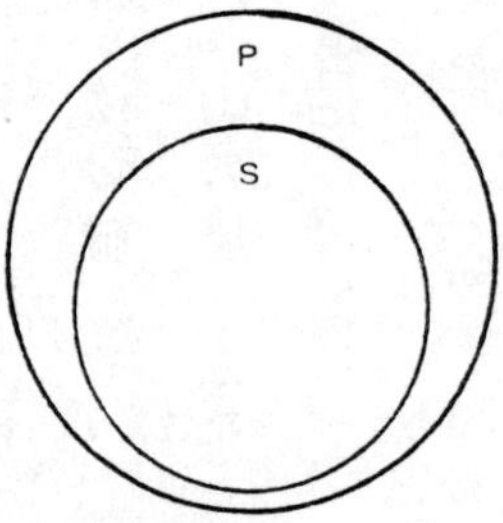

〔圖2〕

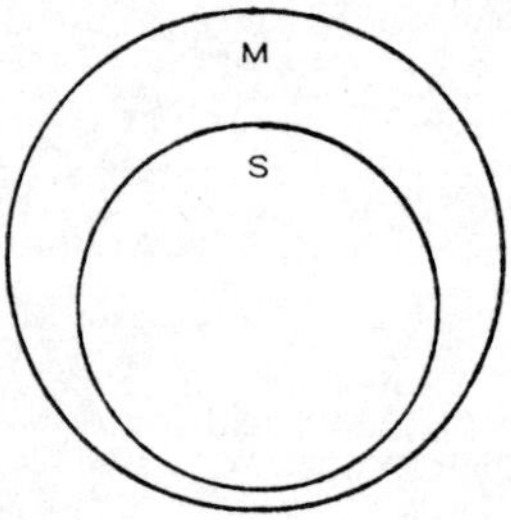

但只有〔凡S為M〕是不能證成〔凡S為P〕的，即不能單以〔圖2〕以證成〔圖1〕：

〔圖2〕

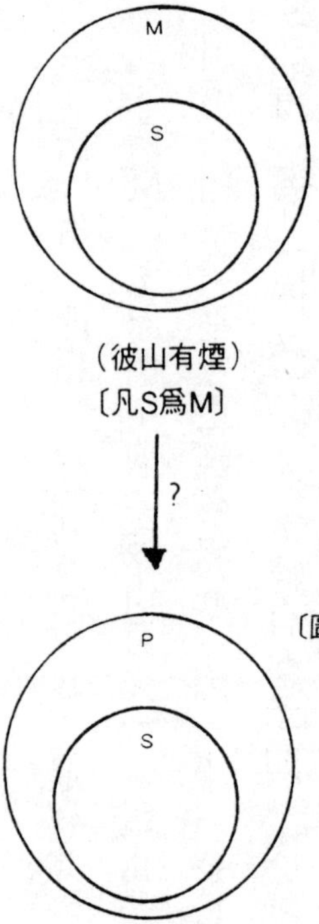

（彼山有火）
〔凡S為P〕

何以故？因爲「M」與「P」的關係不明確故。要求得「M」與「P」的「不相離」關係，我們所提出的「因」，除具有「遍是宗法」（凡S爲M）外，並必須具有「同品定有（此因）」（有P爲M）及「異品遍無（此因）」（凡～P爲～M），即因的第二及第三相。這後二相其實是兩個歸納的原則：

因第二相：如灶有火，它可有煙。（有P爲M，如P_1）（這是一個簡單的例子，表示最少有一分子同具P及M的屬性，但不能單靠它以構成一個原則性的全稱命題，以見M可涵蘊着P。）

〔圖3〕

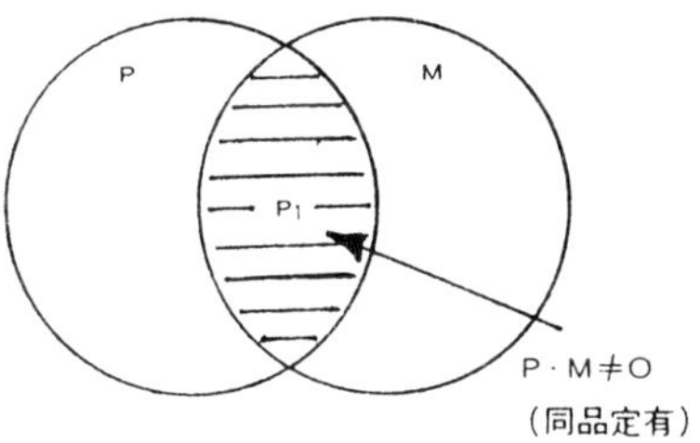

因第三相：如水無火則無煙，以至凡無火皆無煙。

〔$\sim P_1$爲$\sim M$〕

〔$\sim P_2$爲$\sim M$〕

〔$\sim P_n$爲$\sim M$〕

∴〔凡$\sim P$爲$\sim M$〕

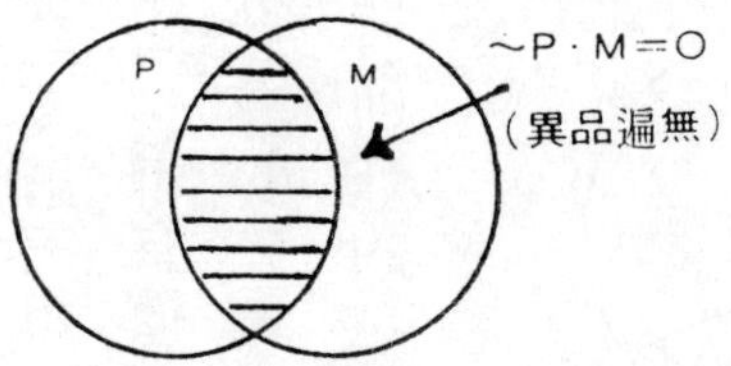

〔圖4〕

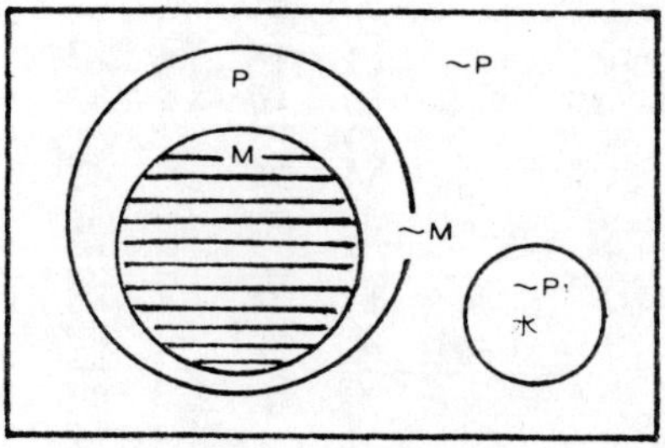

如是歸納第三相各個分子，我們得出「凡無火皆無煙」這原則性的全稱命題。這個從反面歸納出來的大原則，恰好就是「三支比量」中的「異喻」。

異喻
- 喻體：若彼無火，見彼無煙（或：凡無火皆無煙）〔凡～P為～M〕
- 喻依：如水〔如～P_1〕

若把「因第二相」連同「因第三相」一起作正反兩面的歸納，我們可以得出另一原則性的全稱命題。這個從正反兩面歸納出來的大原則，恰好就是「三支比量」中的「同喻」。

同喻
- 喻體：若彼有煙，見彼有火。（或：凡有煙皆有火）〔凡M為P〕⑲
- 喻依：如灶。〔如P_1〕

〔圖5〕

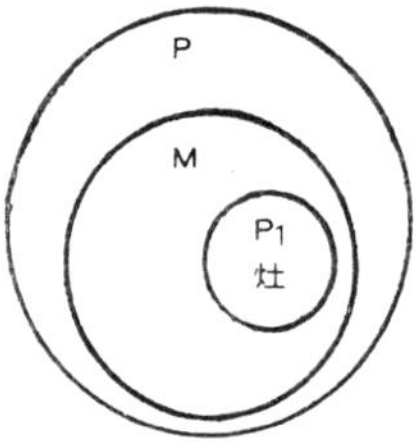

由上述的引例及分析，我們得知「因明三支比量」的「喻支」（尤其是「同喻體」及「異喻體」）可以說是完全依「因後二相」歸納而得，以彼為論據，連同「因支」，便有證成「宗支」的能力。今重列例子如下：

宗：彼山有火。（凡S為P）

因：以（彼山）有煙故。（凡S為M）

喻：同喻體：若彼有煙，見彼有火，（凡M為P）

同喻依：如灶。

異喻體：若是無火，見彼無煙，（凡～P為～M）

異喻依：如水。

這種「歸納方式」可由「因支」連同「同喻體」或「異喻體」進行，如下圖所顯示：

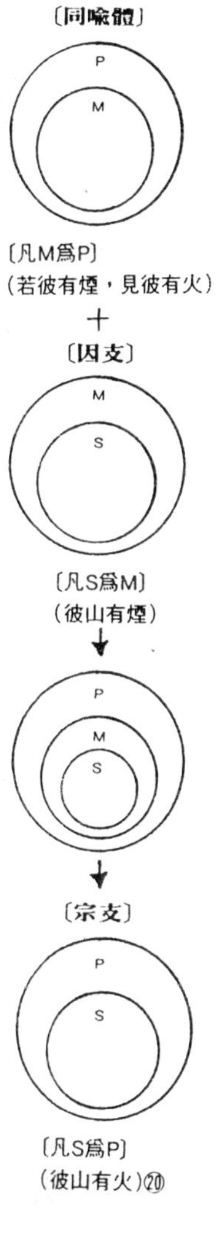

依上圖所顯示，《入論》所採用的「歸證方式」有異於西方演繹邏輯的「三段論式」，主要不在於推理次第問題，而在於性質上的差異方面：

一者、「三段論式」是純粹的形式邏輯（formal logic），它只關注於在形式推證過程中，前提是否能擔保結論，是否具必然的有效性（validity），而並不關注於推理的具體內容是甚麼；但因明的「三支比量」卻並不是純粹的形式邏輯，它不但關注到推證過程的形式是否有效，還要關注到推證的具體內容，因爲它含有歸納的成分，歸納的具體內容直接影響到歸證的對錯。

二者、「三段論式」屬純粹的演繹法（deduction），而「三支比量」則既具演繹成分，也具備歸納成分（整個「同喻體」及「異喻體」都是通過歸納而得來的），所以俄國學者Th.Stcherbatsky在所著的"Buddhist Logic"中，一再申言：因明是一種「歸納與演繹結合的邏輯」（an inductive-deductive logic）。所以不少學者把「三支比量」比況於「三段論式」，就性質來說，這是大謬不然的。

三者、若把「三支比量」比況於「三段試式」，則與定言推理的AAA格式相似；不過AAA格式的推理是具備必然性（necessity）的有效推理（valid inference），但「三支比量」卻不具備必然性，它所歸證的「宗」（主張或論點）卻只是概然地眞（probably true），而不是必然地眞（necessarily true）。何以故？「因後二相」（「同品定有（此因）」及「異品遍無（此因）」）是歸納的兩個原則。就「爲自比量」言，「宗的前陳S」不能作歸納，因爲雖知「S是M」，但不曉得「S」是否含有「宗的後陳P」的屬性，故無法把「S」歸納到「P」去，也不能歸納到「～P」去，所以在「喻體」的「凡M爲P」中，或在「凡～P爲～M」中，都沒有把「S」歸納進去（所謂「剔除有法」），因此「凡M爲P」或「凡～P爲～M」都不是全幅歸納（complete induction）所得，都不能說它是必然地眞，而「凡M爲P」（喻體）結合「凡S爲M」（因支）所推出的結論「宗支」（「凡S爲P」）也不是必然地眞。同理，就「爲他比量」言，「凡S爲P」（宗支）在「順自違他」的情況中，不把「S」定名爲「同品」的「P」，亦不能定名爲「異品」的「〜P」，所以「喻體」的「凡M爲P」或「凡〜P爲〜M」也不是必然地眞，由「凡M爲P」（喻體）結合「凡S爲M」（因支）而推證所得的「凡S爲P」（宗支）亦不能決定它是必然地眞了。今再依前例剖析如下：

宗：彼山有火。（凡S爲P）（待證，眞假未得決定）

因：以（彼山）有火故。（凡S爲M）（經驗地眞）

同喻體：若彼有煙，見彼有火，（凡M爲P）

同喻依：如灶。㉑（由於「剔除有法」故，只是概然地眞）

依上述資料，我們試作歸證方式的推論：

同喻體：〔凡M爲P〕
（如：若彼有煙
見彼有火）

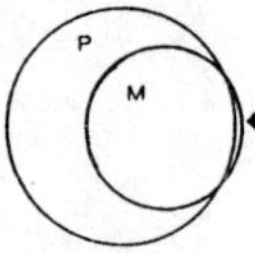

←∵是否有一分子
是M而不是P，
不能決定。
∴概然地眞

因　支：〔凡S爲M〕
（如：彼山有煙）

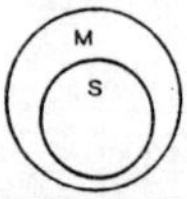

經驗地眞

十）

宗　支：〔凡S爲P〕
（如：彼山有火）

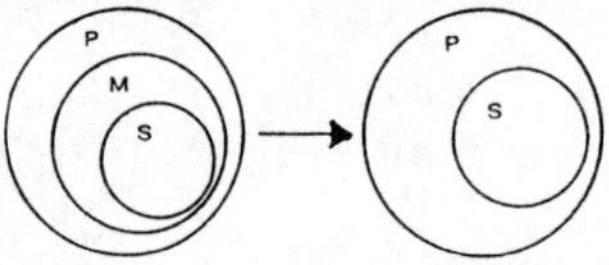

概然地眞

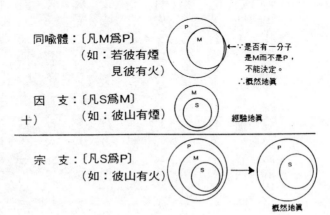

由此可知，從「三支比量」所歸證出來的「宗」（主張或論點）未必確能與眞實相應，它不是百分之百的必然地眞，而只是概然地眞㉒罷了（按：即有是假的可能），這是研究因明者（尤其是研究陳那、商羯羅主的「三支比量」的）不可不注意的關鍵之處！

第三節　比量知識的檢證

由於在推論的本質結構上，《入論》所採用的陳那及商羯羅主的「三支比量」具有本身的特色：

宗：凡S爲P

因：凡S爲M

喻：同喻體：凡M爲P（M中除去S，未能決定故）

同喻依：如P_1

異喻體：凡$\overline{P}$爲$\overline{M}$（$\overline{P}$中是否有S，未能決定）

異喻依：如（P_1

如是「同喻體」或「異喻體」不能與「三段論式」的「大前提」有邏輯等值；「大前提」的本身是涵攝「結論」的，但「喻體」卻不涵攝「宗支」的。所以從「喻體」結合「因支」所歸證出來的「宗支」，縱使「因三相」具足無誤，也不可能擔保其百分之百正確眞實。試讓我們舉個例來加以說明：

設：周家成員＝（甲、乙、丙、丁、戊、己及庚）

已知：甲是近視的
乙是近視的
丙是近視的
丁是近視的
戊是近視的
己是近視的

求證：庚亦是近視的。

論證：

宗：庚是近視的，

因：以（庚）是周家成員故。

喻：同喻體：若是周家成員，見是近視的，

　　同喻依：如甲、乙等；

　　異喻體：若不近視，見非周家成員，

　　　異喻依：如A、B等。

在上述以「三支比量」來作論證的過程中，可說是「因三相」具足無誤的，如：

(1)遍是宗法：庚是周家成員。

(2)同品定有：有甲、乙等是同品，皆是近視的。

(3)異品遍無：一切不是近視的異品中，在已有經驗的範圍內，確知他們都不是周家成員，如A、B、C等等。（由於剔除有法，「庚」是否近視，不能作歸納，不得作爲同品，也不得作爲異品。）

那麼，我們所歸證的「宗」（庚是近視的），由於「三支」具足，「因三相」無誤，理應是正確眞實的了。但事實卻並不然，我們只希望「庚君」也百分之百服從「周家（其他）一切成員都是近視的」這個大原則，因而相信「庚君」也是近視的。不過由於我們不能把「庚君」歸納到「三支比量」中的「同品」或「異品」去，所以「喩體」不涵攝「庚君」，於是歸證的結果（「庚君是近視的」這個結論）也不能是百分之百眞確了。

有讀者會作這種的懷疑：在三支無缺，三相具足的圓滿條件下，歸證所得的「宗」，仍有非眞實的可能，那末，「因明三支比量」豈非沒有效用？那又不然，原因有三：

一者、「因明三支比量」具有「歸納成分」，所以於「爲自比量」，所得的「宗」對自己而言是新知識；於「爲他比量」，所得的「宗」對敵論者而言，也是新知識。因此「三支比量」可作求取新知的有效途徑，而「三段論式」則不能。

二者、通過「因明三支比量」所獲取的新知識，是開放的，容許自他從其他的途徑予以檢驗的，這便合符求眞的精神。

三者、要檢證由「三支比量」歸證所得的知識，方法很多，主要有二：

其一是「現量檢證」，即通過經驗觀察，看看歸證所得的新知識有沒有犯「現量相違」㉓。就以上述「周家成員」爲例，我們雖然歸證出「庚君是近視的」這新知，但通過現量的經驗觀察，若發現他不是近視的㉔，那末「庚君是近視的」這新知便不能成立了；若與現量相符，那新知自然正確無誤。

其二是「相違決定檢證」，那就是別立因、喻，看看能否成立與新知相違的宗。以上述「庚君近視」爲例，我們可另成比量：

宗：庚君非近視。

因：不戴近視眼鏡而視覺仍屬正常故。

喻：若不戴近視眼鏡而視覺仍屬正常的，那非近視，如何君。若是近視，則不戴近視眼鏡視覺便不正常，如張君。

如上述比量可以成立，則「庚君近視」那新知便不眞確；如不能成立，即沒有犯「相違決定」㉕，那末原有的「三支比量」所歸證而得的「宗」（即「庚君是近視的」），其可信度、正確性及眞實性便很高的了。若再加上不犯

「現量相違」，則所歸證的宗，雖不是必然地眞，但也是極高度的概然地眞了。

由上述三種原因，我們得知從「因明三支比量」所歸證得來的知識，雖不必是必然地眞，有成爲不正確知識的可能，但它是一種新的知識，它是開放的，容許其他途徑予以檢驗，如果通得過「現量相違」及「相違決定」的檢驗而不犯過失，則此種新知識便有極高的眞確性與可靠性，所以「因明比量」所得的知識是有效用的，能作爲人類合理成功行爲的指導的。如求其詳，讀者可細心披閱本書第二部——即「釋正文」部分。

註釋

①所以陳那後期著作的《集量論》及法稱的《量評釋論》、《正理滴論》等，都不立「能立」的名目，而把「比量」開成二分，其中「爲他比量」便是《入論》的「能立」。表解如下：

比量
- 爲自比量（同於《入論》的「比量」）
- 爲他比量（同於《入論》的「能立」）

②設：S代表「彼山」（即「宗支」的前陳主語）

P代表「有火」（即「宗支」的後陳謂語）

③設：M代表「有煙」（即「因支」的後陳謂語；「因支」的前陳主語即是「宗支」的「彼山」，以「S」符號來表示）。

④設：X代表同喻「灶」這個實例。

⑤設：Y代表異喻「水」那個實例。

⑥在符號化的過程中，所用的符號，大致同於前述的「五支比量」，即

S：「宗」的前陳，如說「彼山」。

P：「宗」的後陳，如說「有火」。

M：「因」的後陳，如說「有煙」；而其前陳同於「宗支」，即「彼山」，以「S」來表示它。

⑦依《入論》文字，「若彼有煙，見彼有火」是一個假言命題，但在「宗支」和「因支」的符號化過程中，一向運用了定言命題。今爲方便於理解起見，也把「同喻體」的「若M則P」的假言命題的判斷改寫成「凡M爲P」這種定言命題。這「凡M爲P」的全稱命題不僅是一原則性的命題，而且是有實例的存在性命題，因爲有P_1（如灶）這個「同喻依」爲

實例，「凡灶有煙時，灶必有火」。

⑧設：~P代表異喻體的前陳「無火」，

~M代表異喻體的後陳「無煙」，

~P_1代表異喻依「水」。

⑨《入論》的論證方式與《正理門論》及《集量論》相同，俱依「三支作法」的論式故，但不同於「後期因明」的法稱方式，以法稱主張「爲自比量」，先宗後因而略喻；於「爲他比量」則先喻後因而略宗。其評見前第一章「因明的起源與發展」。

⑩至於「五支比量」則不能，因爲它並沒有對「M」與「P」的涵蘊關係的「不相離性」作出明確的交代故，如彼〔圖3〕所顯示的：

〔圖3〕

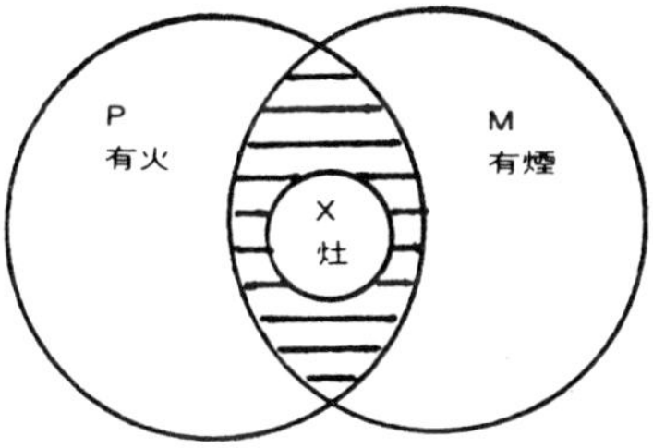

依此便不能肯定「凡是M的，決定是P」了（即不能決定「彼山有煙」便決定「彼山有火」了），因爲「彼山」（「S」可有多種情況：

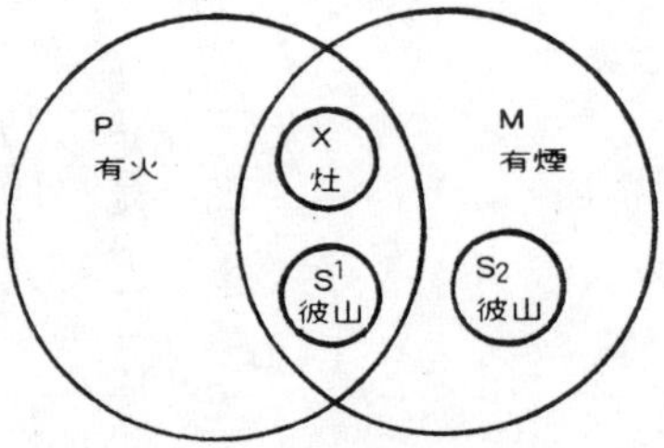

但「三支」中的「喻支」則肯定「凡M爲P」，則加上「凡S爲M」，便可以肯定推證出「凡S爲P」（即「彼山有火」），因爲「M」與「P」有肯定的「不相離」關係，如下圖：

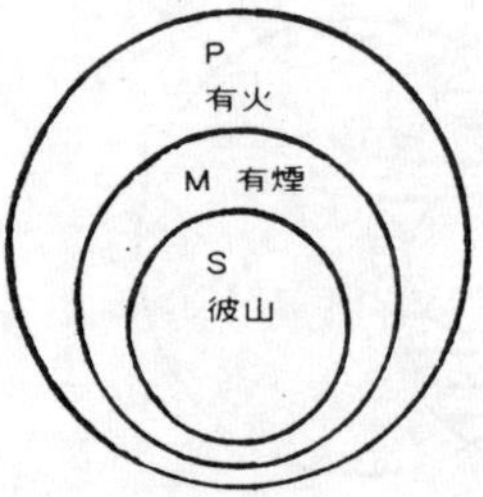

⑪那可以通過傳統邏輯的直接推理（immediate inference）推演出來，如：

(a) 凡～P為～M →凡～P不是M（換質）

→凡M不是～P（換位）

→凡M是P（換質）

(b) 凡M為P→凡M不是～P（換質）

→凡～P不是M（換位）

→凡～P是～M（換質）

(c) 由於：凡～P為～M →凡M是P

（及）凡M為P→凡～P為～M

所以：凡～P為～M ≡ 凡M為P

⑫「同喻」與「異喻」單列其一也可以，如窺基《大疏》在論「喻支」中所說：「若就正理，應（同喻、異喻）具說二，由是具足顯示所立（指宗後陳「P」）不離其因（指因後陳「M」），以俱顯示同品定有、異品遍無，能正對治相違（因）、不定（因）。……若有於此，一方已成，隨說一分亦成能立，謂於二喻，有已解同，應但說異（喻）；有已解

異，應但說同。不俱說（同、異喻）二，亦成能立。……（甚者）二俱不說，或隨說一，或二俱說，隨對時機，一切皆得。」見《大正藏》卷四四、頁一一二至一一三。

⑬見前註⑫。

⑭霍韜晦名之為「由果溯因」的「歸證方法」，其詳（理論依據）可參考霍著《佛家邏輯研究》第一、二章。

⑮從因明的發展史來看，這個先宗後因喻的形式，自「正理學派」一直發展到商羯羅主都沒有更易。後來到了法稱才有提出「為他比量」「先喻後因，宗支從略」的主張。其詳已見於第一章中。

⑯「三支比量」中的「喻支」，也可運用作為演繹推理，如窺基《大疏》中釋「喻過無合」中說：「若云諸所作者皆是無常，猶如瓶等，即能證彼（聲）無常，必隨所作性；聲既有所作，亦無常隨，即相屬著，是有合義。」見《大正藏》卷四、頁一三五至一三六。窺基釋文，可構成「先前提，後結論」的演繹推理：

〔大前提〕：諸所作者皆是無常。（凡M為P）

〔小前提〕：聲是所作。（凡S為M）

〔結論〕：（故）聲是無常。（凡S爲P）

此屬傳統亞氏邏輯的AAA格式，是合理有效的（valid）演繹推理。

⑰此間設「P」爲「同品」；「P_1」爲「同品例子」，任何具有「宗的後陳」P的性質的事例都是「同品」，但要剔除「宗的前陳」S（因爲：「宗支」是假設的，還沒有證成之前，不能說S含P的性質，或不含P的性質，故說S爲P_1同品固不對，說S爲$\sim P_1$異品也不可），這叫「剔除有法」，即不許S爲同品，也不許它爲異品。

⑱此間設「$\sim P_1$」爲「異品」之一，除「宗的前陳」S以外，凡一切不具有「宗的後陳」P的性質之事例都是「異品」。又設「$\sim P_2$」爲別的「異品」，乃至「$\sim P_n$」爲算數所不能及的其他「異品」。此外又設「$\sim P$」爲「一切無宗後陳之處」；「$\sim M$」爲「一切無因之處」。

⑲「凡$\sim P$爲$\sim M$」與「凡M爲P」是邏輯等值的（logically equivalent），見註⑪。

⑳至於以「因支」連同「異喻體」的歸證「宗支」過程，大致同於以「因支」連同「同喻體」以歸證「宗支」，故不另贅。

㉑此間只用「同喻體」及「因支」來歸證「宗支」，「異喻」從略。

㉒其詳可參考拙著〈論佛家邏輯的必然性與概然性〉，見新亞研究所出版的《中國學人》第一期。

㉓可參考拙文〈因明現量相違的探討〉，刊能仁研究所出版的《能仁學報》第一期。

㉔這裡的現量觀察，是從廣義較寬的角度來說，若從嚴格的理論層面而談，依後期法稱的說法，這仍是「比量」的檢證。其詳也可參考拙文〈法稱因明三因說的探討〉，刊法相學會出版的《法相學會集刊》第三輯。

㉕「相違決定」，其詳見本書第二部「釋正文」的第三章「似能立」文。

第二篇

釋正文

一、提綱

【正文】能立與能破，及似唯悟他；
現量與比量，及似唯自悟。
如是總攝諸論要義。

（一）概述：一如書中第一部「導讀」所說，《因明入正理論》就體裁來看，可以分成三部分：

1. 偈頌——提綱
2. 長行——闡釋
3. 偈頌——示略

本節「能立與能破，……及似唯自悟」便是運用「偈頌」①來提示本論的提綱，即所謂「二悟八義」（後詳）。至於「如是總攝諸論要義」一句是「長行」②，一方面運用散文闡述本論的重要性，一方面發揮穿針引線的功能，使提綱的「偈頌」與闡釋正文的「長行」之間，有順暢的銜接。在「偈頌」中，作者商羯羅主把本論主要內容所分成的八個部分（即：能立、似能立、能破、似能破、現量、似現量、比量、似比量）顯示出來，那就是所謂「八義」。就效用來說，「八義」可以分別跟「悟他」的作用和「自悟」的作用相配。「悟他」與「自悟」合稱「二悟」。現在把「二悟」和「八義」相配的情況表列出來：

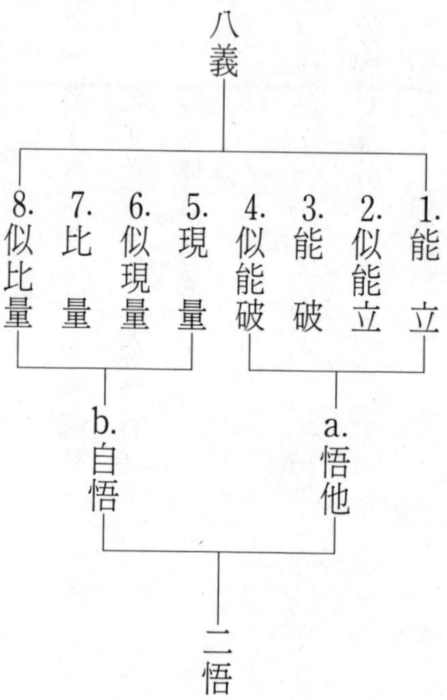

〔二〕明內容：「能立」等「八義」就是《因明入正理論》的全部內容。偈頌行文簡約，「能立與能破，及似」句半，就是「能立與能破，及似能立與似能破」的意思。「似」是不正確義。「似能立」即是不正確的能立；「似能破」就是不正確的能破。依此理趣，「現量與比量，及似」這句半的頌文，就是「現量與比量，及似現量與似比量」的意思；此處的「似」字也是不正確的、有錯謬的、在形式上雖與能量等相似，但實質上不能使正智生起的意思。

從偈頌可以悉知本論探究的內容共分八個類別，也名為「八義」，或稱為「八門」：

第一門是「能立」（也可稱為「眞能立」，與「似能立」相對而得名）。當立敵對辯的時候，立論者若能建構一個有效的論式（其詳見後），以開啓敵論者及證人的正智時，這個有效的論式在因明體系中叫做「能立」，即「能」正確有效地建「立」自己的主張的意思。

第二門是「似能立」。當立敵對辯時，立論者所建構的論式如果不正確，出現過錯，不能使敵論者和證義者（即證人）產生正智，這個不能正確有效地建立自己主張的有錯謬的論式（其詳見後），叫做「似能立」。

第三門「能破」（也可稱爲「眞能破」）。立敵對辯的時候，立論者如果出示一個「似能立」，而對方能指出它的過失，或別立一個正確有效的論式來破斥它；前者叫「顯過破」，後者叫「立量破」；兩種有效的破法都能摧毀立論者的不正確主張，所以稱爲「能破」。

第四門是「似能破」。當立敵對辯時，對方所立的是「眞能立」，而自己卻錯誤地謬指它有過，或另立論式以圖破斥它。前者是錯誤的顯過破，後者是錯誤的立量破；兩者都不能有效地摧毀立論者的主張，反而自顯過失，所以稱爲「似能破」。

第五門是「現量」。上述四門（即：能立、似能立、能破、似能破）是就對辯時的情況來分類，從第五門開始（即：現量：似現量、比量、似比量）則就認知眞理的情況來分類。「量」是「量度」的意思，引而申之，「量」便具備「了解」、「認知」甚至「知識」的含義；也就是說：由能知的心識去了知所知的對境，說之爲「量」（pramāna）。而「現量」者，便是由心識不起分別地（即不起名言概念）、如實地、當下了知現前的對境。如果用西方的術語來表達，「現量」與「感官的認知」（sensation）有相近的意義（其細致的區別，當於後文詳加論述）。

第六門是「似現量」。「似現量」跟「現量」（亦稱「眞現量」）相對立名，那就是不正確的「感官的認知」。

第七門是「比量」。「比」有「比度」的涵義，就是非靠感官知覺直接獲取知識，而是藉着名言概念，構成命題，組成論式而進行推理。這種由已有知識間接地推究未掌握的知識，使正智能夠生起，所運用的正確無誤的推理，說名「比量」。「比量」的形式同於「能立」而目的不同。

第八門是「似比量」。當建立概念，構成命題，組成論式以進行推理時，若然有所失誤，不能使正智生起，無從獲取正確的知識，這種錯誤的間接認知，說名「似比量」。

〔三〕明目的：上述建立「八門」，以總括本論所要探討的全部內容，名之爲

「八義」。這「八義」實質上已統攝「因明處」所要研尋的最扼要的範圍。而「八義」（或「八門」）中，也可以因應目的與作用分成兩大組別。頌文的首二句是一組，三、四句是另一組。依陳大齊所提的意見③，第一組應讀成「能立與能破及似，唯悟他」；第二組應讀成「現量與比量及似，唯自悟」。建立第一組的首四義（即上述談本論內容中的「能立」、「似能立」、「能破」、「似能破」等四門），目的在說明立敵對辯的時候所要注意的四個主要項目。因爲大乘佛教，以大悲大智、自利利他爲主要精神，同時印度流行着不同宗教和不同哲學派別，彼此互相論爭，立敵對揚，實所難免。所以本論的首「四義」就是爲要達成使對方開悟而安排的。

悟他
- 能立
- 似能立
- 能破
- 似能破

辯論的精神在立正理、破邪論，所謂「立正破邪」。「能立」要能發揮「立正理」的作用，使對方（除敵論者外，還包括證義者）能夠生起正智；「能破」要能發揮「破邪論」的作用，使對方揚棄妄執，啓引正見。二者都是利他的行爲，都能產生「悟他」的效用。使他人（敵論者及證義者）悟入正理，故名「悟他」。「能立」是眞能立，「能破」是眞能破，都具備立正破邪的「悟他」功用，可無異議。但「似能立」和「似能破」即名爲「似」，即似是而非，不能發揮「能立」立正理的功能，也不能發揮「能破」破邪執的效用，不能藉着它們啓發他人（敵論者與證義者）的正智，何以論主還要把它們歸到「悟他」的範疇去？爲解此疑，窺基在《大疏》子註中解釋說：「似能立」和「似能破」雖然不能發揮直接「悟他」功能，但經敵論者指出其謬誤過失，也能使立論者和證義者明了誰是誰非，所以間接地也有「悟他」的效用④。但陳大齊及呂澂則「從本而論」，認爲立論者的建立「似能立」及「似能破」，主觀願望還是想悟他，所以依本來的目的言，也可爲「悟他」所攝⑤。

愚意以爲商羯羅主撰著《因明入正理論》，內容除「四眞」外（即「能立」、「能破」、「現量」、「比量」），還陳「四似」（即「似能立」、「似能破」、「似現量」、「似比量」），目的在從正、反兩面開示讀者，除「眞能立」與「眞能破」外，還使讀者懂得甚麼是「似能立」，甚麼是「似能破」，一方面令立論者知所抉擇，則所立、所破，都能正而非似，以達成開悟敵論者和證義者的使命，一方面令敵論者能指出對方的立、破之失誤，以達成開悟立論者和證義者的使命，所以「似能立」和「似能破」間接地便具有「悟他」的作用。同一理趣，論主分別從正、反兩面開示「現量」與「比量」的眞似，則「似現量」和「似比量」亦具「自悟」的效用。

自度然後可以度他，自悟然後可以悟他，所以論主在建立「悟他」的「四義」之後，還得要建立以「自悟」爲目的的「四義」：

自悟
- 現量
- 似現量
- 比量
- 似比量

透過「現量」可以獲得感官知覺的直接知識，透過「比量」可以獲得推論的間接知識。無論直接知識或間接知識，都是以擴展人的視野，增長人的正智，所以都具備「自悟」的功能。至於「似現量」及「似比量」是不正確的感官之知和推理之知，所以名爲「非量」，本身雖沒有「自悟」作用，但有助於分辨是非眞似，因此無論從尋求知識的意願目的言，或從其間接有助於分辨知識的「眞」、「假」(true and false) 或推理的「對」、「錯」(valid and invalid) 言，都可以涵攝到「自悟」的範圍去。

雖然本論的內容（八義）可就其目的差異分成兩大組別，而且頌文中還運用了一個「唯」來區別之，如第一組「能立」等「四義」，其目的「唯」在「悟他」⑥，第二組「現量」等「四義」，其目的「唯」在「自悟」。「悟他」屬論辯範圍，「自悟」屬認知範圍。究竟兩者是涇渭分明，不可踰越，抑或彼此仍有互補相通的地方？呂澂則認爲「比量」的作用並非唯在「自悟」而實在與「悟他」有交錯相通之處，他運用表列予以說明：

- 量
  - 現量——自悟（感覺）
  - 比量
    - 自悟（思維）
    - 悟他（用語言說出來，此即能立、能破）⑦

呂氏的分析是非常正確的。因爲「比量」固然具備「自悟」的作用，但還可以依正確的比量知識爲基礎，進行論辯，安排「能立」與「能破」，以達成「悟他」的目的。由此可見離「自悟」無以「悟他」，離自度無以度他，這亦顯示本論與佛教大乘精神實有所相應之處。

（四）明重要性：在頌文之後，便是「如是總攝諸論要議」句文⑧，這句長行，發揮了承上啓下的作用。「如是」是指上述頌文所總標的「二悟八義」，它們其實具備了「總攝諸論要義」的重要性。由於對勘梵、藏本子，文中並無「諸」字，那末，此文便有兩解：一者、「二悟八義」的內容實在已經涵攝了當時因明論著中的一切中心義理，例如《瑜珈師地論》、《顯揚聖教論》等有關「七因明」的意義⑨，乃至世親的《論軌》、《論式》，陳那的《正理門論》等有關因明的理論；二者、「二悟八義」的提綱，實在已經包括了本論（即《因明入正理論》）的一切中心義理而無所遺漏。

【註釋】

①偈頌：梵文作gāthā，所以在佛典裏有音譯爲「伽他」、「伽陀」，或簡單地意譯爲「頌」。偈頌是韻語的意思，通常造論的時候，以偈頌放在正文之前，提綱挈領地提示全論的內容；再以偈頌置於正文之後，藉以歸結全篇要旨。本篇《因明入正理論》，就是採用這種形式。在佛典中，有些著作全部運用句法整齊的韻語偈頌寫成，然後由其本人或弟子以散文加以闡釋，像世親（Vasubandhu）的《俱舍論》及《唯識三十頌》等便採用這種形式。

②長行：梵文作gadya，是佛典的一種寫作體裁，意思是散文，與偈頌對待而立名。在十二分教中，也譯爲契經，與修多羅（sūtra）同義。在本論中，「長行」就是運用散文闡釋「偈頌」的涵義，也就是正文部分。

③見陳大齊著《因明入正理論悟他門淺釋》，頁四，台灣中華書局版。

④窺基的《因明入正理論疏》卷上子註中說：「能立能破，由自發言，功既成勝，證敵俱解；似立似破，自功成負，由他指述，證立俱明。」他又於疏文中作總結說：「故從多分，皆

悟他也。」見《大正藏》卷四十四，頁九三。

⑤陳大齊《因明入正理論悟他門淺釋》，頁一〇，台中華版。又見於呂澂的《因明入正理論講解》，頁六，中華書局版。

⑥《藏要》本把《因明入正理論》跟梵藏本對勘，發現在「悟他」及「自悟」之後有「故」字（見《藏要》，第二輯，第二十四種，新文豐版），依此則頌文可讀成「能立與能破及似唯悟故；現量與比量及似唯自悟故。」

⑦呂澂《因明入正理論講解》頁七，中華版。

⑧據《藏要》本，對勘梵藏二本，「諸論」一詞並無「諸」字。同見註⑥。

⑨「七因明」是指：論體、論處所、論據、論莊嚴、論負、論出離及論多所作。見窺基的《因明入正理論疏》（簡稱《大疏》）《大正藏》卷四四，頁九六。「七因明」的名稱用語，諸本有異，故亦可參考《瑜珈師地論》卷十五，《顯揚聖教論》卷十一，《大乘阿毘磨雜集論》卷十六。

二、能立

1出體

【正文】此中宗等多言名為能立，由宗因喻多言開示諸有問者未了義故。

（一）概述：在前面頌文之中，已經提綱挈領地概述了本論所要探討的內容，分爲「八門」，亦即是「八義」。今此正文的長行中，將一一加以闡釋。但闡釋的次第是：「能立」、「似能立」、「現量」、「比量」、「似現量」、「似比量」、「能破」、「似能破」，與頌文所提「八義」的次序並不完全一致——一者、先闡釋「能立」，次釋「似能立」，這跟頌文前「二義」相同。二者、把「自悟」的「現量」、「比量」、「似現量」、「似比量」等「四義」提前闡釋，此與頌文所述諸門次第不符。三者、把「悟他」的「能破」與「似能破」排在「自悟」的「四義」之後才加以處理，此亦與頌文的諸門次第有異。且在篇幅上，論主把「能立」和「似能立」放在首要地位，力求詳盡，差不多佔全論的八分之七，而「現量」等「六義」卻僅佔全文八分之一的篇幅，讀起來似欠均衡。次序上的變動，呂澂說「主要是爲了講解方便」①。窺基《大疏》解釋比較深入：他認爲因明的宗旨在「立正破邪」，所以頌文先說「能立」，次陳「能破」。而長行釋文，則依陳那《正理門論》的體制，先建立自己正確主張，所以首先說明甚麼是「能立」（按：亦兼明「似能立」）；但「能立」是要有所依據的，而「現量」與「比量」便是「能立」的間接所依，因此隨着眞似「能立」的後面，闡釋「現量」和「比量」（按：亦兼論「似現量」和「似比見」），而把「能破」及「似能破」置諸卷末②。

至於篇幅上多寡的差異，陳大齊說：由於「能立」與「似能立」所談及的理論都與「比量」、「似比量」、「能破」、「似能破」彼此相關，而「現量」與「似現量」則只與「似能立」有所聯繫（按：此可能是指「似能立」中，有「現量相違」這個「宗過」，其說後詳）。因此，當詳述「能立」與「似能立」之時，已經對「現量」、「似現量」、「比量」、「似比量」、「能破」及「似能破」等「六義」的涵義有所提及，所以在闡述「現量」等「六義」時，可以從簡，不必繁贅，因而亦不必佔太多的篇幅③。由此也可以窺見《因明入正理論》的宗趣，較爲偏重於賓主對揚的「悟他」方面，而跟陳那《集量論》的以知識論爲主導的處理方式有所不同④。

本章闡釋「能立」，中分五節，分別是「出體」、「立宗」、「辨因」、「引喻」、「結成」。本節「出體」可再細分爲「舉體」和「釋義」兩個部分。

〔一〕舉體：「此中宗等多言名爲能立」半句爲「舉體」，意思是說明甚麼是「能立」，也就是說明「能立」是由那幾個部分構成的。文中說是由「宗等多言」構成「能立」⑤。因爲「能立」的目的在「悟他」；「悟他」須藉語言文字，所以「能立」的體性就是由「宗支」、「因支」和「喻支」等衆多語言文字所構成的一個論式。例如：要使人知道前面山頭發生山火，立論者可以建立一個包括「宗支」、「因支」和「喻支」等多言的論式：

宗：前山有火。

因：（前山）有煙生起故。

喻：若彼有煙生起，則彼有火，如灶等。

如是「宗」、「因」、「喻」三支（三個命題）便構成「能立」。不過這個論式的構成，是先「宗」後「因」、「喻」。「宗支」是主張，「因支」、「喻支」是支持這主張的充足理由(sufficient conditions)，與西方傳統邏輯的從大、小前提（義近於「喻支」及「因支」），推演出結論（義近於「宗支」）的「三段論式」(syllogism)⑥的排列次序恰恰倒轉過來。因明的「能立」先提出主張（即「宗支」），然後作出證明（即「因支」和「喻支」），因此吾友霍韜晦先生名之爲「歸證推論」⑦。

〔三〕釋義：「由宗因喻多言開示諸有問者未了義故」這半句，解釋前半句「宗等多言名爲能立」的意義。「能立」的目的在「悟他」，「悟他」在印度言，一般都在辯論會中進行。舉個例子來說，昔者玄奘法師遊學印度，戒日王在曲女城爲他籌辦了一個無遮大會。他在大會上立了「眞唯識量」⑧，十八日無人能破⑨。辯論會中，必有立論者（如曲女城之會，玄奘便是立論者）、敵論者（曲女城之會，所有外道、小乘不信受大乘唯識理論的人都是敵論者）及證義者（曲女城之會，戒日王是主要的證人）。立論者的開示對象就是辯論會中的敵論者和證義者，也就是文中所謂「諸有問者」⑩；而所開示的內容就是他們所未了解的有關立論者的主張，也就是文中所謂「未了義」⑪。透過甚麼來了解呢？文中說：透過立論者的「宗」、「因」、「喻」多言來使敵、證兩方得以了解，得以開悟。因此「宗、因、喻多言」所構成的論式，可使敵論及證義的「諸有問者」都能開悟，因而得以了解他們本「未了」（解的立論者的宗義」，故「宗、因、喻多言」，足以達成「悟他」的效用，堪稱得上眞正的「能立」⑫。

【註釋】

①呂澂：《因明入正理論講解》，頁八，中華版。

②見窺基《大疏》，《大正藏》卷四四、頁九六。

③陳大齊：《因明入正理論悟他門淺釋》，頁一〇至一一，台灣中華版。

④《集量論》的次序是依「現量」、「爲自比量」、「爲他比量」……而排列。

⑤長行「此中」一詞，可有兩義：一者是發語詞，二者是「簡持義」。依窺基《大疏》所說，本論內容共有「八義」，本章簡去其七，只談「能立」一義，即闡釋「能立門」。

「宗」：有所尊、所崇、所主、所立的意義，也名爲「宗支」，就是表達立論者的主張的一種肯定或否定的命題。

「等」：是省略語，暗指「因」和「喻」（亦名「因支」和「喻支」），那就是支持立論者的主張的其他命題。

「多言」：衆多的語言文字，暗指「宗支的語文」、「因支的語文」、「喩支的語文」。

⑥依「三段論式」，可以把前面「宗」、「因」、「喩」例子的內容轉列成：

大前提：若彼有煙生起，則彼有火（如灶等）。

小前提：前山有煙生起。

結　論：（故知）前山有火。

（此假言三段論式的推演具必然性，但因明三支的「能立」卻不具必然性，其詳見本書「導讀」第五章「因明與邏輯的異同」中說。）

⑦霍韜晦：《佛家邏輯研究》，頁四四，佛光出版社。

⑧「眞唯識量」的三支是：

宗：眞故極成色，不離於眼識。

因：自許初三攝，眼所不攝故。

喻：猶如眼識。

⑨見於窺基《大疏》，《大正藏》卷四四、頁一一五，但慧立撰《慈恩三藏法師傳》等卻沒有立「眞唯識量」的記載。

⑩「諸有問者」指敵論者及證義者，因在對辯時，可就立論者的主張和論證提出質詢。且「宗義」必須是順自違他的，故對辯者有發問質詢的權利。

⑪「未了義」就是立論者所立的「宗支」（亦名「宗義」），此「宗支」（宗義）是敵者及（或）證者所還未了解的。

⑫「能立」一詞，其實有兩重意義：其一是就「悟他」的作用言，「宗因喻多言」所構成的論式，能使敵者、證者開悟，所以說爲「能立」；其二是就三支論式的內部結構言，又有「能立」和「所立」的相對說法，此有「古學」（指陳那之前的「古因明」）、「今學」

（指陳那所創的「新因明」）之間也有不同的說法，今分別表列如下：

- 古學
  - 所立——宗支中的主語部分和謂語部分（後簡言「主語」、「謂語」，如謂：「前山」、「有火」）
  - 能立
    - 宗支（如說：「前山有火。」）
    - 因支（如說：「（前山）有煙故。」）
    - 喻支（如說：「若彼有煙，見彼有火，如灶等。」）
- 今學
  - 所立——宗支（如說：「前山有火。」）
  - 能立
    - 因支（如說：「（前山）有煙故。」）
    - 喻支：（如說：「若彼有煙，見彼有火，如灶等。」）

就論式的內部結構言，「宗支」表達出所要建立的主張，說名「所立」，而「因支」與「喻支」能證成「宗支」的正確性，說名「能立」，所以陳那今學所說較爲合理的。

2 立宗

【正文】此中宗者，謂極成有法、極成能別，差別性故(1)，隨自樂為成所立性，是名為宗。如有成立「聲是無常」。

【註文】

⑴依《藏要》校梵、藏二本，此句云：「由極成能別之所差別。」今譯改第三聲爲第五聲，又加「性」字，故云「差別性故」。

〔一〕概述：上文已經清楚說明以「悟他」爲目的的「能立」，是由「宗、因、喻多言」所構成的。下文將要把「宗支」、「因支」及「喻支」分別加以闡述。在闡述「宗支」的正文中，大概可分成「宗依」、「宗體」、「簡濫」和「舉隅」等四個部分。爲了方便讀者的理解，在解說方面先從「舉隅」着手。

〔二〕舉隅：假設有佛家弟子與外道聲生論者①對辯。聲生論者執聲緣生之後，便成常住，佛家則深察一切現象（包括聲音）都無自性，由衆緣和合所生，故立「聲是無常」這個「宗支」來開悟他們。

〔三〕宗依：當我們分析「聲是無常」這個由佛弟子向聲生論者所立的「宗支」時，我們將發現它是由「聲」和「無常」兩個部分所構成的。這兩個組成部分，在因明學裏說名爲「宗依」②。在前面的「宗依」稱爲「有法」，在後面的「宗依」稱爲「能別」③；依所舉的「聲是無常」這例子來說，作主語的「聲」便是「有法」，作謂語的「是無常」便是「能別」。此外「有法」與「能別」還要具備某些條件然後可以配做「宗依」，那就是它們必須是立、敵雙方共同認可的：有實體或無實體（即「有體」、「無體」）在質上要共同認可；所指的是全部或部分（即「全分」、「一分」）在量上也要共同認可。所以論文把「宗依」說成「極成有法」，「極成能別」，「極成」在《大疏》解作「至極成就」，那就是立、敵共同認可（亦言「共許」）的意思。假若「聲」和「無常」不是共許極成而又沒有簡別④，便缺乏了明確目標，討論便全無意義，如何可以開啓對方的正智，而達到「悟他」的目的呢？

〔四〕宗體：如果孤立地把「極成有法」（如：聲）和「極成能別」（如：是無常）那兩個「宗依」擺列出來，那是不能達成「悟他」的效用的，因爲那只是單獨的詞語或概念，並未作出判斷，根本不能說它是眞，也不能說它是假，沒有「眞假值」（truth value）的語言就不能構成一個主張，所以還不能說爲「能立」的「宗支」。要構成一個有效的「宗支」，必須以作謂語的「極成能別」（如：是無常）去論謂（論文中用「差別」一詞來表示）作主語的「極成有法」（如：聲），於是在語法上構成一個「陳述語句」（statement），在邏輯上構成一個「有眞假值的判斷」（judgement）或稱爲命題（proposition），如例中所說的「聲是無常」，這才成爲「宗支」。今借業師羅時憲先生的圖解⑤，分辨如下：

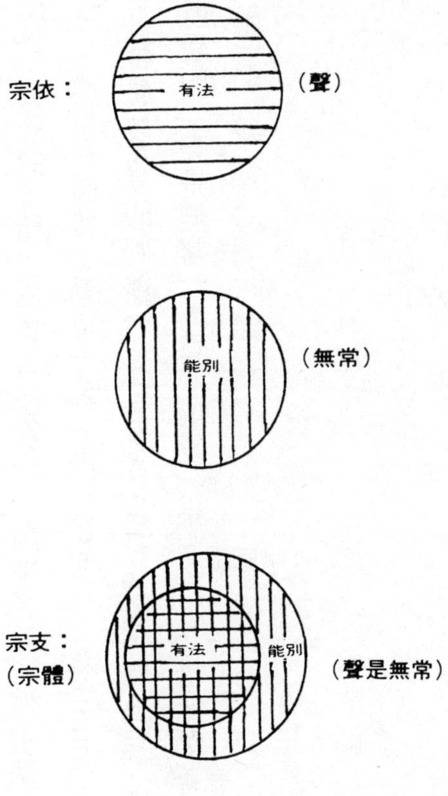

如是「聲」這「極成有法」，便能被「無常」那「極成能別」所論謂（差別），構成「聲是無常」這個肯定（判斷）命題⑥，便成「宗體」，如本論文中所謂「極成有法、極成能別，差別性故」便是這個意思⑦。此處應再一提，「有法」（如：聲）和「能別」（如：是無常）這兩個「宗依」必須要共同認可的，如前已說，可是當它們構成具判斷性的「宗支」時（如：聲是無常），

則必須「順自違他」；意思是這個「宗支」必須符合立論者的主張，而違反敵論者的主張，因爲假若「宗支」是立敵共許的，彼此見解既已一致，便失卻「悟他」的作用，何必立量（建立論式）來討論呢？

〔五〕簡濫：「宗支」的結構形式已如上述，如果用符號來表達可概括成「凡S是P」或「凡S非P」。不過從內容來說，「宗支」的構成可有不同的類別，如《大疏》中所引列的：一者、徧所許宗，即立、敵雙方共許的命題（如說：眼能見色），沒有「悟他」作用，故不應取；二者、先業稟宗，如同門弟子所稟受學習的教理相同，今以本門教理立宗，還對同門，如佛弟子立「諸行無常」以示其同門，那麼已是共許，失卻「悟他」作用，故亦不應取；三者、傍憑義宗，如立「聲是無常」，希望憑藉此宗，使人開悟「諸法無我」，言在此而意在彼，不能確定討論的範圍和涵意，難以達成「悟他」目的，故亦不應取；四者、不顧論宗，不必顧及其他因素只要就自己所知的正確知識，成立能夠使別人開悟的宗，如佛弟子對聲生論師立「聲是無常」這個「宗支」，因爲那是「順自違他」，有「悟他」作用，所以可取。這樣的「宗支」，論文中說它具「隨自樂爲所成立性」（在上述的法規下，隨着自己認爲有論辯意義的去建立「宗支」）。呂澂指出這也含有「順自違他」的意思⑧。

【註釋】

㈠外道「彌曼差派」（Mīmāṃsā）有「聲常住」的思想，認爲在變易的聲音中，有常住不滅的聲音存在（如說牛時，必依聲而想起牛，不生馬的概念），由主張聲常住的緣故，則吠陀（veda）所說的咒語、祭詞，由言語發表，即產生一種神祕的偉大力量，不可消滅。在淨行書（Brāhmana）時代，吠陀言語被看做生主或梵（宇宙的最高原理）的表號（由常住故，吠陀雖是口傳下來，亦不會出錯），所以有「吠陀天啓」之說。（略見黃懺華著《印度哲學史綱》，頁九四至九六。亦可參考呂澂的《因明入正理論講解》，頁一一，中華版）又聲常住論分成「聲生」及「聲顯」兩派。聲生論者，謂聲本無，以緣而生，生已常住；聲顯外道，謂聲之體是本有而常住者，以其待緣而顯，方可得聞。（佛教、數論、勝論、正理等派，則主張「聲無常」說，與婆羅門系諸派有異，所以聲是常、非常的命題，成爲各派常舉的例子。）

②「宗依」是「宗支」的所依，相對於「宗體」（構成宗支的整個命題）而立名；亦名「別宗」，相對於「總宗」（「宗支」的整個命題）而立名。

③在因明系統中，構成前後的「宗依」有種種相對的名稱，今表列如下：

	在前面作主語（subject）	在後面作謂語（predicate）
（例子）	聲……是無常	
(1)就位置分	前陳……後陳	
(2)就主體與屬性分	體……義	
(3)就特殊與普遍分	自相……共相	
(4)就被描述與描述分	自性……差別	
(5)就特性的能具所具分	有法……法	
(6)就分別的能所分	所別……能別	

然而「宗依」在命名上，除「前陳」與「後陳」等外，很多時可以不必依分類對稱，就如本論把作主語的稱爲「有法」（能夠具有某些特性的主體），便是依第五類（就特性的能具所具分法）而命名；把作謂語的稱爲「能別」（能夠對討論主體加以差別論謂），卻依第六類（就分別的能所分法）而命名。這樣在命名上的交錯運用在因明學上是常見的現象。

④如不共許，可用簡別法，如佛家不許有「神我」（靈魂）而外道則執「神我是永恆的」，佛家可向他立宗說：「汝執之神我非常住。」用「汝執」來表明敵許而我不許的情況，這樣也可以收到「悟他」的功效。有關簡別的方法，可參考沈劍英所撰〈論三種比量與簡別方法〉，見《因明論文集》，甘肅人民版。（原載《社會科學戰線》一九八〇年第四期。）

⑤見羅時憲先生撰《唯識方隅》，頁一一三，香港佛教法相學會版。（按：原文用「前陳」及「後陳」，今順應本論用語，改爲「有法」及「能別」；又恐繁把「前陳」、「後陳」寬狹相等的另一圖割愛。）

⑥不用「是」字而成「聲無常」亦構成肯定判斷（「是」這個肯定判斷動詞，依漢語語法習慣可以省去），如果作否定判斷，則常用「非」字作判斷詞，便不能省去。

⑦依《藏要》，校梵藏二本，此句本作：「（極成有法）由極成能別之所差別。」漢譯依文意把「由」字改爲「故」字（在句中位置亦從句首移到句末），並加「性」字以顯「宗體」。在唐疏中本有「能別差別有法」及「有法與能別互相差別」的分歧說法，今梵藏二本既明，此中爭論失去它的重要性，故略而不贅。

⑧呂澂：《因明入正理論講解》，頁一一，中華版。

3 辨因

【正文】因有三相。何等為三？謂遍是宗法性(1)、同品定有性、異品遍無性(2)。

云何名為同品、異品？謂所立法均等義品，說名同品(3)，如立無常，「瓶等」無常是名同品；異品者，謂於是處無其所立，若有是常，見非所作，如「虛空等」。

此中「所作性」或「勤勇無間所發性」，遍是宗法，於同品定有性，異品遍無性，是「無常等」因。

【註文】

(1)依《藏要》，校勘梵、藏本子，此「遍」字缺。

(2)依《藏要》，校勘梵、藏本子、「異品遍無」，作「異品定無」。

(3)依《藏要》，校勘梵、藏本子，此句云：「由所立法總相平等之義說名同品。」

〔一〕概述：「能立」的三支結構，是由「宗支」、「因支」、「喻支」所組成。有關「宗支」的法則與理論，已詳見上節。本節則繼續闡釋「因支」的法則與理論。本論把闡釋「因支」文字，分成三小段：一者、標舉「因之三相」（由「因有三相」至「異品遍無」）；二者、明同品、異品（由「云何名爲同品」至「如虛空等」）；三者、舉例以顯示符合「因之三相」才是正因（由「此中所作性」至「是無常等因」）。今爲了理解上的方便，細分七目：即「概述」、「標示因之三相」、「釋遍是宗法性」、「釋同品定有性」、「釋異品遍無性」、「釋因三相的關係」、「釋例作結」等七。

（二）標示因之三相：所謂「因」者，依窺基《大疏》，有三重含義：其一是「所由」義，就是它能解釋所立「宗支」得以建立的理由；其二是「所以」義，就是它能證成「宗支」是正確者的原因；其三是「順益」義，由立此因，對「宗支」的建立有支持的作用①。總而言之，「因支」依理應該是證成「宗支」的充足條件，所以就三支內部結構言，說「因支」是能立，「宗支」是所立。「相」者是法則的意思②；「因三相」就是作爲「因支」所應具備的三條法則，那就是：

因三相
- (1)遍是宗法性
- (2)同品定有性
- (3)異品遍無性

〔三〕釋遍是宗法性：能成為正確「因支」的第一條法則是「遍是宗法性」③。如佛家對聲生論立：

宗：聲是無常，

因：是緣生故（本作「所作性故」今依其義而改其文）。

以「是緣生故」為「因支」，作充足條件來證成「宗支」「聲是無常」是正確的主張。但在表達的語法形式上，它的主語是省略了的。在語法的結構上說，「宗支」與「因支」可以構成一個「因果複句」：

聲是無常（宗），

（因為）聲是緣生故（因）。

「因果複句」可以寫成「緊縮複句」，如「聲是無常，因為緣生故。」又可進一步省略而緊縮成「聲是無常，是緣生故」，這便完全跟我們在上述所學的例子相同。在言陳上，「因支」省略主語是可以的，因爲它必須在含義上跟「宗支」有着同一的主語（即「宗支」「聲是無常」的主語是「聲」，「因支」「是緣生故」的主語也必須是「聲」，然後「是緣生故」才可擔當爲充足條件，以證成「聲是無常」的「宗支」是正確的）。如果主語不同，「因支」便缺乏了能證的力量。於此我們可以用符號表達「因第一相」：

宗：凡S爲P。（如說：聲是無常）

因：凡S爲M。（如說：聲是緣生）

在因明的術語上，作主語的稱爲「有法」，作謂語的稱爲「法」；「因支」既與「宗支」有着同一的「主語」，那末它便可作「宗支」的「主謂」的另一謂語（如例所示：「宗支」與「因支」有着同一主語，那就是「聲」。「宗支」的「謂語」是「無常」，主謂合成「聲是無常」這個命題；「因支」的「謂語」是「緣生」，主謂合成「聲是緣生」這個命題；不過簡單說爲「是緣生故」）所以「緣生」這個「因」對「宗支」的主語有所述說，可以稱爲「與宗支主謂配合的另一謂語」（法），略稱爲「宗的法」或「宗法」④。此外「因」之作爲「宗的法」或「宗法」，必須是極成共許的，而「宗的主語（有法）」也必須全部（全分）而周遍地爲「因」所述說，所以「因支」的第一條法則（第一相）名爲「遍是宗法性」，意思是「作爲因的，必須極成共許地具備成爲『宗的主語的另一個謂語』而且『宗的主語周遍地成爲它的述說對象』的那種特性」⑤。「宗支」必須「違他順自」，但「因支」則必須「立敵共許」，如不共許極成，則不能證成「宗支」；如說：「聲是無常」宗，「是緣生故」因；「聲」必周遍地具「緣生」的性質，即「所有聲是緣生的」才符合「因第一相」。

「因支」亦必須「周遍地」以「宗的有法」爲述說對象，如非「周遍」，便偏而非全，失卻能證的力量，所以「因支」的第一法則是「遍是宗法」。今以「S」表「宗的主語」（即「宗的有法」），「M」表「因」作爲「宗的主語的另一謂語」（法），表解如下：

(a)

因 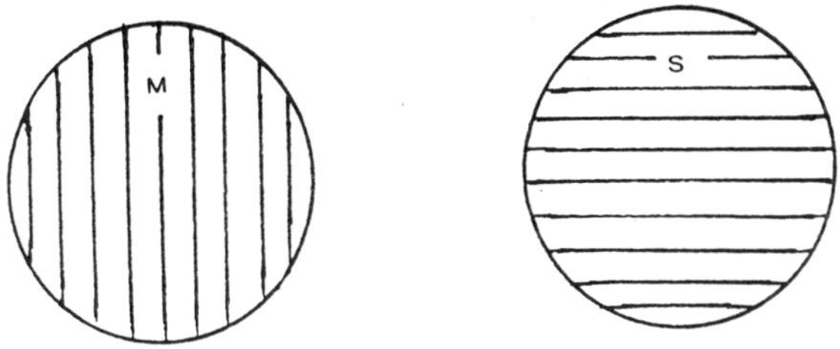 宗的有法

(b)

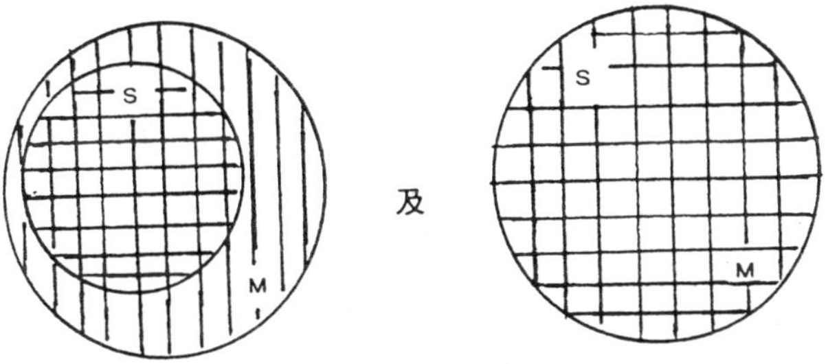

都符合「徧是宗法」的法則，
因爲「S」周徧地具「M」的性質。

(c)

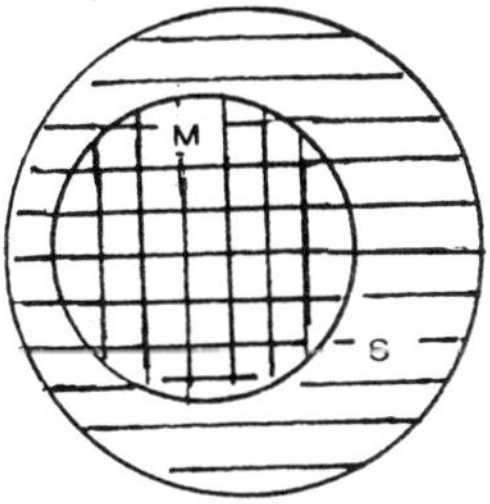

不符合「徧是宗法」的法則，
因爲「S」有一分不具M的性質。

〔四〕釋同品定有性：「因支」的第二相是「同品定有性」。要清楚理解第二相的涵義，必先要明確理解甚麼是「同品」，舉例如下：

宗：聲是無常（無常事物如：瓶、盆、山、海等便是「同品」。）

因：是緣生故（有些無常事物如：瓶、盆等，同時具有「緣生」的性質。）

「云何名同品？」論文說道：「謂所立法均等義品，說名同品，如立無常，瓶等無常是名同品。」

「所立法」即是「宗支的謂語」，例中「聲是無常」句「是無常」作謂語，便是「所立法」，因爲「宗支」是「所立」⑥，「謂語」（後陳或能別）名爲「法」。「均等義品」，窺基《大疏》解釋說：「均謂齊均，等謂相似，義謂義理，品爲種類。」用現代語言來說，「均等義品」是「同類相似的事物」。與甚麼同類相似呢？論文說「所立法均等義品，說明同品」，那就是說「與宗支謂語（後陳）同類相似的事物」便是「同品」⑦。「如立（聲是）無常（這個宗支），瓶、（盆）等（與宗支謂語）無常（是同類相似事物），是名同品。」

「同品」既明，則「因第二相」可解。「同品定有性」是因的第二相。意思是「在同品」中，必定有一些事物是具備因的性質的，如例中「瓶、盆等」是同品，它們必定有部分是具備因「緣生」的性質的，如「瓶」既是與宗的（謂語）「是無常」爲同類相似事物，同時也具有（因）「緣生」的性質。又如「盆」既是與宗的（謂語）「是無常」爲同類相似事物，同時也具有（因）「緣生」的性質。「同品定有性」這條「因支」的第二法則並不要求所有「同品」都具有「因」的性質，只有一個也可以，但不得完全缺少，所以訂爲「定有」，而不稱「遍有」。「因第一、二相」可以符號化如下：

宗：凡S爲P

因：以是M故
- （第一相）凡S爲M
- （第二相）有P爲M

依前例（「聲是無常」宗，「是緣生故」因），「宗支」的「聲」是否可作爲「同品」呢？答案是「不可以」，因爲「同品必須是立敵共許極成的」，如「瓶」是「無常」，立敵共許，可作「同品」。「盆」是「無常」，立敵共許，可作「同品」。「瓶、盆」同品，具「因」「緣生」的性質，是共許的，可符合「同品定有」的法則。但「聲」雖然具有「因」「緣生」的性質，但「聲」是否「無常」，還在討論當中，尚未決定（立者認爲「聲是無常」，敵者認爲「聲非無常」，所謂「違他順自」），不能作爲同品，這在窺基《大疏》中稱爲「剔除有法」⑧。「宗支」的「有法」（主語或前陳）雖或含有「因」的性質，但是否與「所立法均等義品」，還未決定，還未共許極成，故不能作爲「同品」，即必須從「同品」的範疇剔除開去，然後「同品定有」的「因」，才能發揮它的能立、能證、使敵論者及證義者開悟的功效。

〔五〕釋異品遍無性：「因支」的第三相是「異品遍無性」⑨。要理解第三相，先要掌握「異品」的定義，論文說言：

「異品者，謂於是處無其所立，若有是常，見非所作，如虛空等。」

舉例來說：

宗：聲是無常（不具無常性質的事物，即常住的事物，如虛空等，便是「異品」。）

因：所作性故（「所作性」即「緣生性質」；虛空等一切「異品」都不具有因之「所作性」。）

論文所謂「是處」，指除宗主語外的其餘一切事物⑩；「無其所立」，是簡略語，原意應指「無其所立法」——「所立」指「宗支」，「法」指「謂語」，「所立法」即指「宗支後陳的謂語」，如例中「聲是無常」宗，「無常」就是「所立法」。結合來說，「異品者，謂於是處，無其所立」，就是指「除宗的主語外的一切事物，只要它不具有宗後陳謂語性質的，都可作爲異品」⑪。如「聲是無常」宗，凡不具有「宗後陳（謂語）無常」性質的事物，都可作爲「異品」；「虛空」是立敵雙方共許是「常住」的，即極成地認爲它不具有「無常」的性質，所以它便是共許的「異品」⑫。爲了「悟他」，開啓敵者及證者的正智，使「因支」足以證成「宗支」，「異品」一如「同品」，必須是立、敵雙方共許極成的。至於「宗的有法（前陳或主語）」，如「聲是無常」宗中的「聲」這事物，由於在立論者（佛家）的角度來看，自然屬「無常」，在敵論者（聲生論）的立場來看，則屬「常住」，意見尚未一致，所以不能共許它是「異品」或非「異品」，因此在「異品」的審查方面，亦要把它剔除開去，在因明術語上叫做「剔除有法」。

在界定「異品」之後，論文繼而舉出一個實例，說明「因支」第三相的含義：「若有是常，見非所作，如虛空等。」

在「聲是無常」宗這個例子裏，一切沒有「無常」性質的事物，也就是一切是「常」的事物，如「虛空」等，都是「異品」。「因第三相」規定「異品遍無」，那麼，一切是常的事物（異品）都周遍地（全分）是「見非所作」的⑬，那就是「遍無此因」，（「是所作性」爲「因」，今言「見非所作」，便是無此因）。爲要顯示「因支」是符合「異品遍無」這第三條的法則，所以便舉出「虛空」作爲事例。在佛家及聲顯論來說，彼此共許「虛空」一方面是「常住的」，一方面「不是緣生（所作）事物」；「虛空」是「常住的」，顯示它屬「異品」，「虛空」「非所作」，則顯示它不含有因的性質。因爲「異品遍無」，本應擧盡所有「異品」以見「遍無此因」，但在實際情況下，很多時候不能遍擧，所以只擧「如虛空等」一兩個實例，以助敵者、證者了解立者所出的「因支」是符合「異品遍無」這條法則的。今把「因第三相」連同前二相及「宗支」一起符號化如下：

宗：凡S是P
（如：聲是無常）

因：以是M故
（如：所作性故）

- 凡S是M（凡聲是所作）（因第一相）
- 有P是M（如瓶、盆等）（因第二相）
- 凡非P都不是M（如虛空等）（因第三相）

（六）釋因三相的關係：惑者會問：爲甚麼「同品」立「定有」此因便可以，而「異品」卻要「遍無」此因呢？窺基《大疏》解釋，「異品」的作用在「止濫」，所以要「異品遍無（此因）」；而「同品」作用在「順成」，所以只舉「定有」即可，不必「遍有（此因）」⑭。要明瞭此等文字的意義，我們必先要理解「同品定有」與「異品遍無」的作用在使「因支」成爲「充足條件」，以證成「宗支」的正確性，尤其是「使因與宗的後陳（謂語）構成不相離關係」，如「聲是無常」宗，「所作性故」因，透過「同品定有」及「異品遍無」的規律，利用「同品」和「異品」進行正反兩面的歸納（如：瓶、盆爲「同品」，定有「所作」因；虛空等爲「異品」，一切「異品」遍無此因），然後得出「若是所作，見彼無常」的命題，以此命題爲大原則，可以聯合「因第一相」（聲是所作），因而證得「聲是無常」是正確無誤的。這個歸證也可以藉賴表解來加說明：

今設：①S爲「宗有法（主語）」

②P爲「宗的能別（謂語）」

③凡含有P質性的一切事物都是「同品」，故P亦表同品。

④非P爲「異品」。

⑤M爲「因」。

同品定有（此因）：
（因第二相）

〔圖1〕

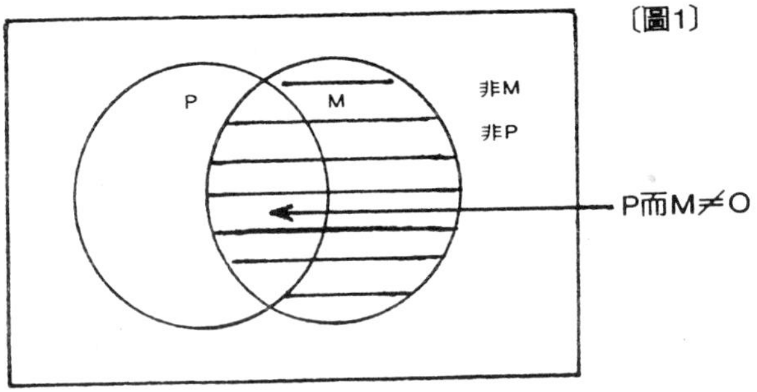

異品遍無（此因）：
（因第三相）

〔圖2〕

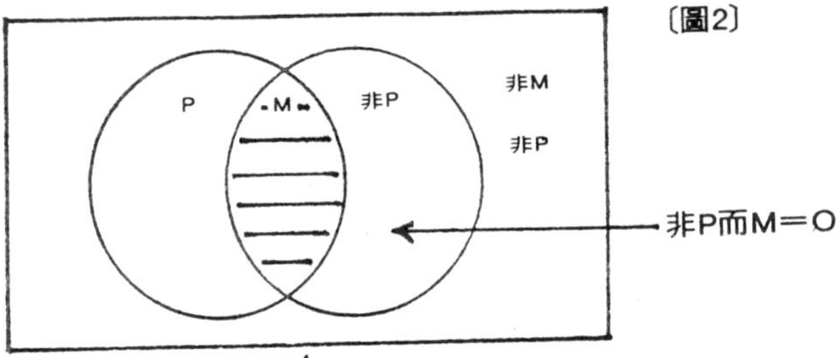

〔圖3〕

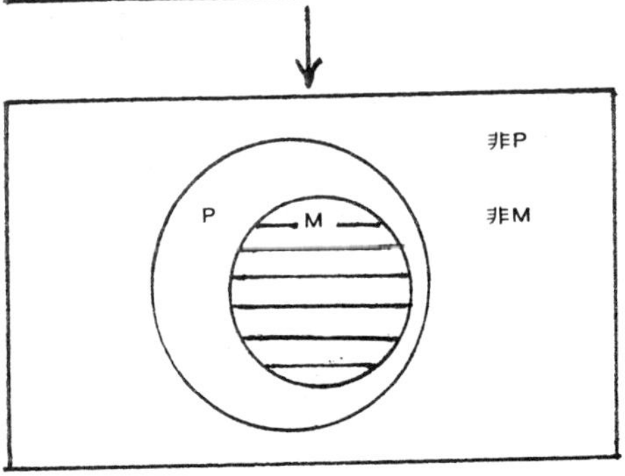

〔圖1〕顯示「同品定有（此因）」故只有部分的P與M相交而成

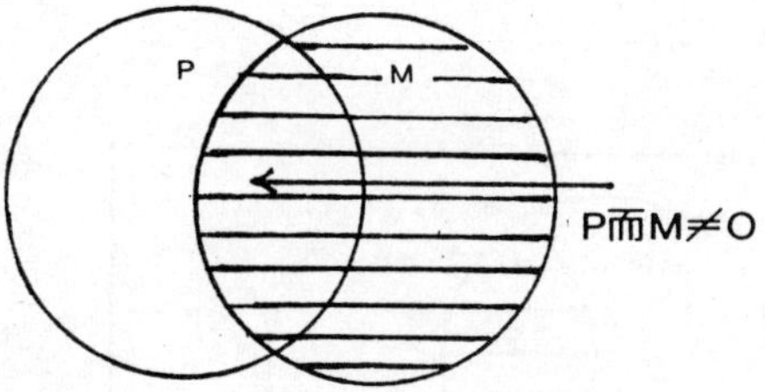

在「聲是無常」宗及「所作性故」因中，最少有「瓶」及「盆」這些具「無常」性質的「同品」是定有「所作」的「因」。那只表示「有些無常是所作」。若符號化，即成「有P是M」，若把P與M換位，便成「有M是P」（即

「有些所作是無常」）。依「有M是P」，即使配合「凡S爲P」這「因的第一相」（「聲是所作」），也不能推證「宗支」（「聲是無常」）是正確的，因爲「S」在「M」可處不同位置，如：

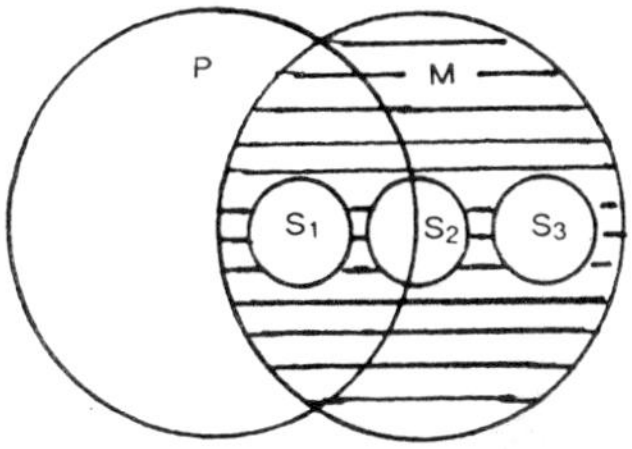

如「宗支的前陳（主語）」（即指「聲」）在「S_1」位置，則成「凡S是P」，那便顯示「聲是無常」；若「聲」在「S_2」，則成「有S是P」，那便顯示「有些聲是無常」；若「聲」在「S_3」，則成「凡S非P」，那便顯示「聲非無常」了。因此單靠「同品定有」這第二相來與「遍是宗法」這「因第一

相」相配，是無法推證「宗支」的正確性的，則「S」與「P」既有三種可能性，便無法決定「聲是無常」而不是其他情況。單從「同品定有（此因）」來看，（見下圖）

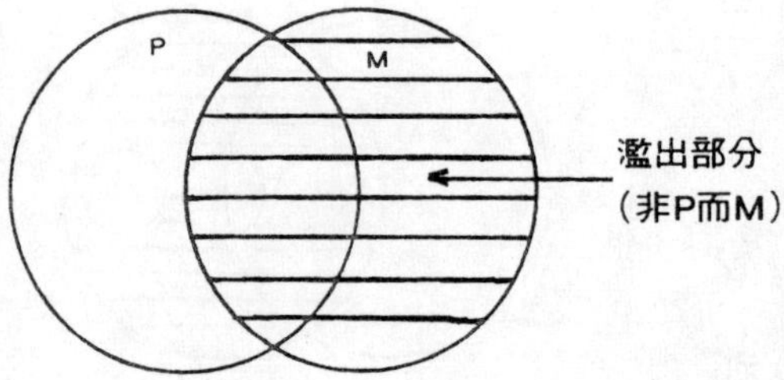

便出現了「非P而M」這「濫出部分」。爲了防止這「濫出部分」的出現，必須加進「因第三相」（「異品遍無（此因）」）以發揮「止濫」的作用，如下〔圖2〕所顯示：

〔圖2〕

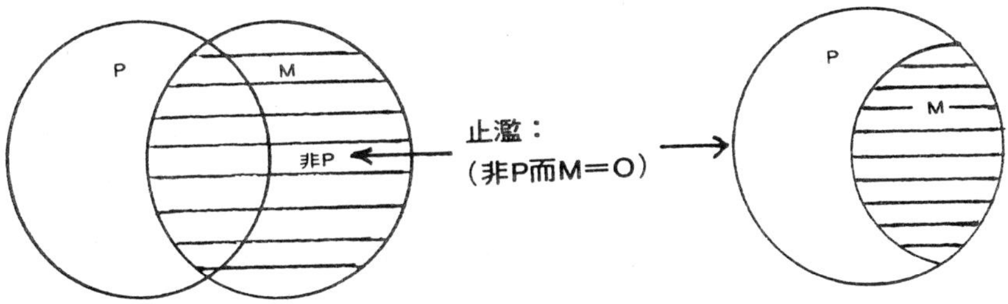

依前例，「凡沒有無常性質的事物，如虛空等，都不應含有所作的性質」，即「凡非P都不是M」。此處「非P」的必須全部不含彼因「M」，所以「因第三相」說「異品遍無（此因）」，只有「遍無」才可以把「濫出部分」全部去除，而顯示出〔圖3〕：

〔圖3A〕 〔圖3B〕

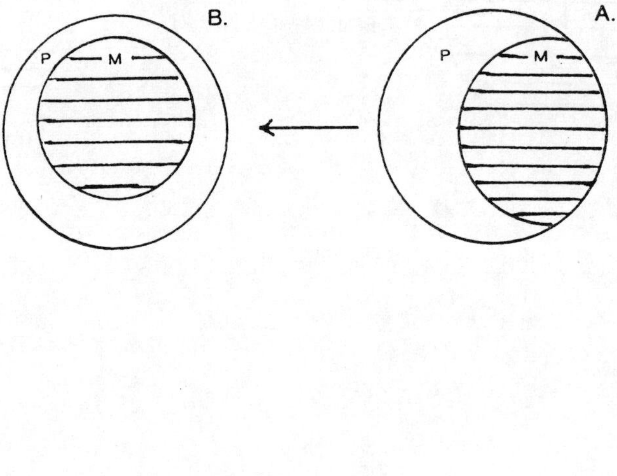

〔圖3A〕與〔圖3B〕的內涵是完全相同，所以可以從〔圖3A〕繪成〔圖3B〕，使它可以更清晰地、更明確地顯示出「宗的後陳（謂語）」跟「因」的不相離關係，這就是「說因宗所隨」的「凡M爲P」或「若彼爲M，見彼是P」的關係，亦即是後文「同喻體」所謂「凡所作是無常」或「若是所作，見彼無常」的關係。依此關係，再與「因第一相」（如說：凡聲是所作）相配合，（見下圖）

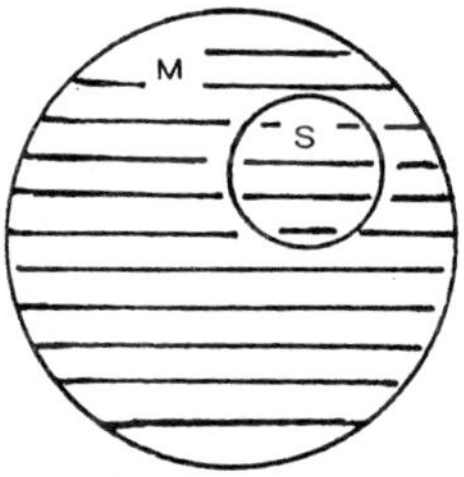

我們便可以推證得「凡S是P」〔圖5〕的結論（即「聲是無常」的「宗支」），今以圖解顯示如下：

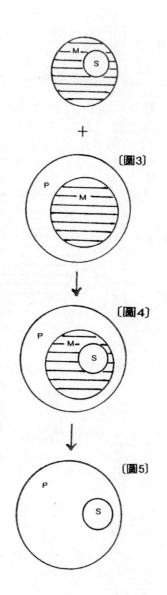

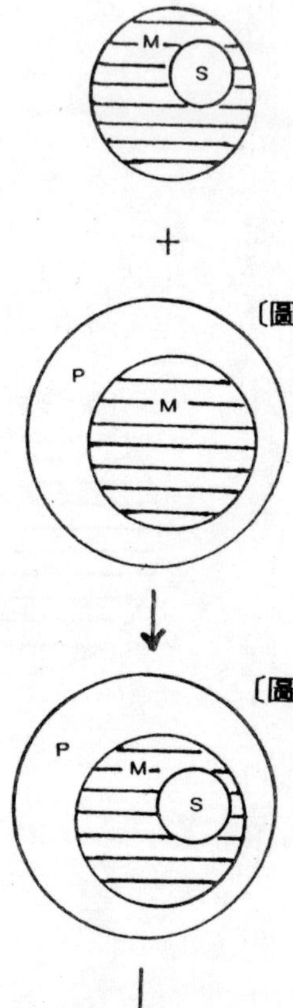

〔圖3〕

〔圖4〕

〔圖5〕

再者「宗的後陳（謂語）」與「因」的關係既可視爲「凡M爲P」（見〔圖3〕），但也可透過邏輯的「換質—換位」⑮的方式而得出「凡非P都不是M」或「若是非P，則彼非M」的命題，這跟論文談及「異品」所說的「若有是常，見非所作」完全一致，這也就是後文所說的「異喻體」。

「因三相」的作用有二：

因三相
- 遍是宗法性（凡S爲M）——①建立因與宗有法（S·M）的關係。
- 同品定有性（有P爲M）
- 異品遍無性（凡非P都不是M）
  （按：亦可作「凡～P爲～M」）

（同品定有性、異品遍無性）——②建立因與宗能別（M·P）的關係。

「因」與「宗的有法（主語）」（S—M）的關係，是靠「因第一相」（遍是宗法性）（凡S爲M）來建立的；「因」與「宗的能別」（M—P）的關係，是靠「因第二相」（同品定有性）（有P爲M），連同「因第三相」（異品遍無性）（凡非P都不是M）所建立的，建立的結果就是下文所說的「同喻體」（凡M爲P）和「異喻體」（凡非P都不是M）。如果透過「三相具足的因支」，使「因」（M）與「宗」的主語（S）及謂語（P）都建立了不相離的判斷關係，然後「因支」才有歸證「宗支」的能力。然而，依「因第三相」（異品遍無性）（凡非P都不是M），只要「異品」是「遍無」，便可顯示「因」（M）與「宗」的謂語（P）的不相離關係，那也就正是「異喻體」

（凡非P都不是M）了。從西方邏輯來說「異喻體」也可以推出「同異體」，即從「凡非P都不是M」可以直接推得「凡M是P」來⑯。那末「因第二相」（同品定有性）（有P是M）豈非變成沒有作用？那又不然。「凡M爲P」可能是原則性的命題，也可以是「存在命題」，今以「因第二相」（同品定有性）來「順成」「因」與「宗的謂語」的關係，即「凡M爲P」，使這關係是有具體實例來支持的具存在性的命題，而不僅是「原則性的命題」。因爲「第二相」是「順成」的作用，所以說「定有」便可以，不必用「遍有」。相反地說，如果用「遍有」來限定彼「因」，（即成「同品遍有（此因）」，「凡P是M」）反而使得很多正確的「因」不能符合「證宗」的要求，如：

宗：此是樹木，

因：是菩提樹故。

「是菩提樹」本來就是論證「此是樹木」的正因，如下圖所示：

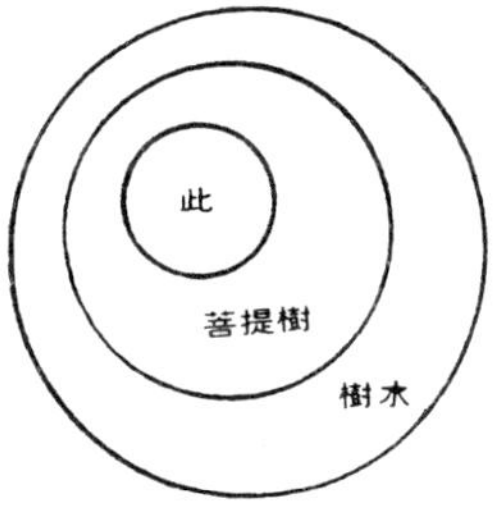

推證可以是這樣的：「若是菩提樹，則是樹木」；今「此是菩提樹」，故證知「此是樹木」。若以「同品遍有（此因）（凡P爲M）」爲「因第二相」，則在「印度的菩提樹」及「在中國的菩提樹」都是「樹木」，都可作「同品」，都有此「因」（菩提樹）；但「松樹」、「杉樹」、「桃樹」等亦是「樹木」，亦是「同品」，卻不是「菩提樹」，於是變作沒有此「因」，不符合新的「因第二相」，不能成爲「正因」了。這樣便有違正理。因此「同品遍有（此因）」作爲「因第二相」是不可能的。

（七）釋例作結：上文已詳述「能立」中的「因支」，必須具備三條法則，即所謂「因三相」，然後可以作有效的充足條件，以證成所立的「宗支」的主張是正確的。跟着論文舉出兩個符合「因三相」的例子，來證明它們的「能立」的效用。論文說：

「此中所作性或勤勇無間所發性，遍是宗法，於同品定有性，異品遍無性，是無常等因。」

此中第一個例，是假設有佛弟子向聲生論者立：

宗：聲是無常，

因：所作性故。

於此例中，立論者以「所作性故」（意謂於衆緣和合的條件下，聲是被產生出來的）作爲「能立」的「因支」，以圖證成「聲是無常」這「所立」的「宗支」是正確無誤的。論主商羯羅主認爲「所作性故」因，確具能證「聲是無常」宗的效用，因爲它是「三相」具足的：「所作性故」因，符合「遍是宗法性」此第一相，因爲「聲是所作性」，如〔圖1〕：

〔圖1〕

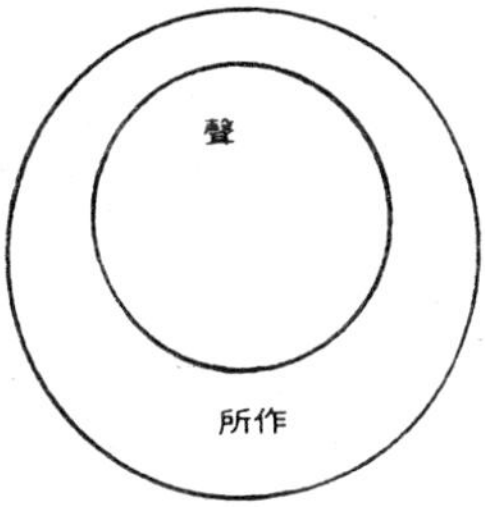

立、敵雙方極成共許「宗支主語」的「聲」是全分周遍地具有「所作性」因的性質，所以符合「因第一相」。再者「所作性故」因，也符合「同品定有性」此「因第二相」，見〔圖2〕：

〔圖2〕

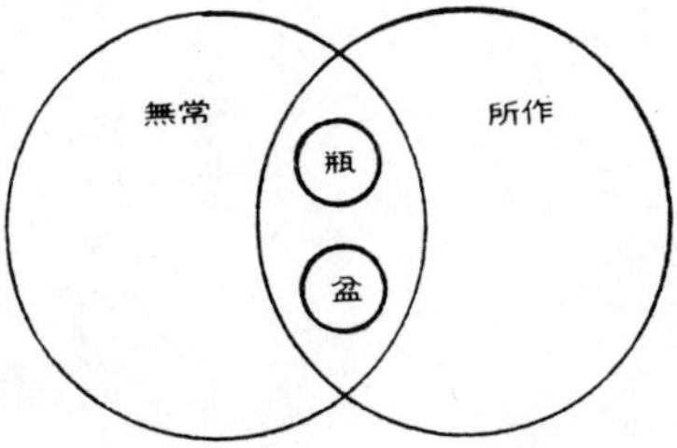

同品定有

「瓶」、「盆」等具「宗支謂語」「無常」的性質，所以是「同品」，而且「瓶」、「盆」等也具有「因」「所作性」的性質，所以也符合「同品定有性」這個「因第二相」。又「所作性故」因，對「聲是無常」宗，就「因第二相」言，不特符合「同品定有」，簡直達到「同品遍有（此因）」的特質。因爲作爲「同品」，如前所擧的「瓶」、「盆」固然具有「所作性」此因，其餘乃至「山」、「河」、「日」、「月」、「雷」、「電」、「風」、「雪」，不論人爲或自然界的無常事物，無一不具「所作性」此因，因爲它們都是在衆緣和合的條件制約中所產生的，而不是本自存在的。於是此因的「第二相」，可如〔圖3〕所顯示：

〔圖3〕

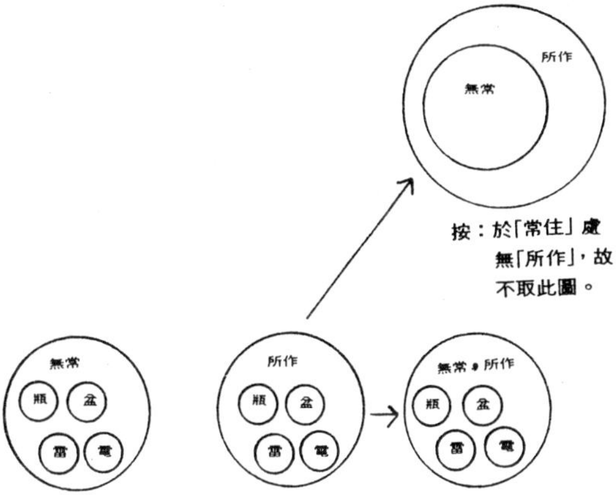

從〔圖3〕可見，「宗支謂語」「無常」所涵攝的分子，與「因支」「所作」所涵攝的分子完全相同，所以「無常」的外延跟「所作」的外延（denotation）恰恰相等，是以「無常」與「所作」二圖，可以合而爲一。在這種情況下，「同品」不但「定」有此因，而且可說是「同品遍有（此因）」⑰。不過，如上文所論述，在因明體系中，只求「同品定有（此因）」已經足夠，而「同品遍有」只不過是一個特例，其實亦不違「同品定有」，並爲「同品定有」這法則所涵攝⑱，故自然可接納而認爲它是符合「因第二相」的要求。至於「所作性故」因，是否也符合「因第三相」（即「異品遍無性」）呢？可見〔圖4A〕：

〔圖4A〕

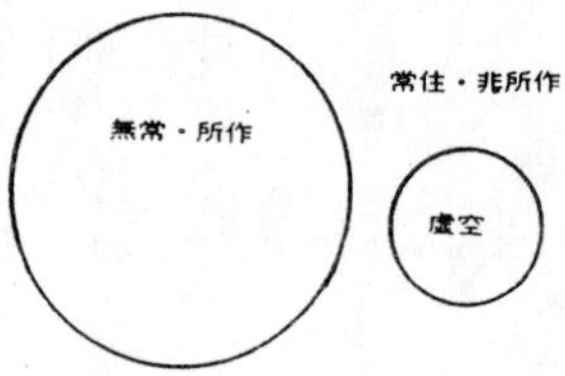

　　由於依第二相，「所作性故」因對「聲是無常」宗言，「無常」與「所作」的外延相等，故所涵的分子亦恰恰相同，因此一切「異品」，如「虛空」等，既非無常（以常住故），不在「無常」的範圍，自然也不在「所作」此因的範圍，因此也符合「因第三相」的要求。今「因三相」的要求都已符合，則「所作性故」因，應能證成「聲是無常」宗。今綜合「因三相」以〔圖4B〕展示出來：

〔圖4B〕

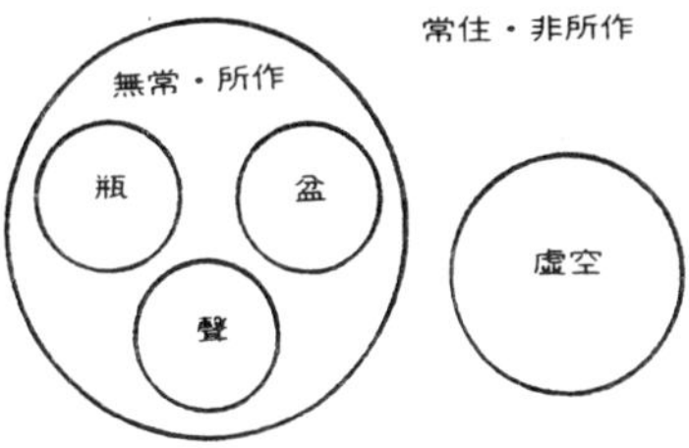

依「因第二相」（瓶、盆等「無常」的事物，定有「所作」之因）及「因第三相」（一切「常住」的事物，如「虛空」等皆無「所作」之因），可以歸納出「所作」與「無常」的不相離性，即《大疏》所謂「說因宗所隨」，即有因（所作）之處，必有「宗的謂語」（無常）；再連同此因亦符合「第一相」（即「聲是所作」），因此便可以推出「聲是無常」的結論。這結論正是「宗支」所要建立的。由上述例子，可以證明「所作性」因，由於符合「遍是宗法」、「同品定有」及「異品遍無」彼「因三相」，而足以證明「宗支」「聲是無常」是正確無誤的。由此得見「三相具足」之因，才是正因，才有歸證「宗支」的效用。

至於符合「因三相」的第二個例子，是假設有佛家弟子向聲顯論立量：

宗：內聲是無常，

因：勤勇無間所發性故。

如前所敍，聲顯論主張「二聲（內聲和外聲）本常住，從緣所顯今方可聞；緣響若息，還不可聞。」⑲所以今先立「內聲（如人聲及其他動物所發鳴叫之聲）是無常」宗，而以「勤勇無間所發」為因以證成之。從窺基《大疏》所解：「勤勇」指「策發」，「或即作意」，「展轉擊咽喉脣舌等」，意即由作意專注力，無間運用發音器官，發出各種聲響。「內聲」全部極成是「勤勇無間所發」，如〔圖1〕：

〔圖1〕

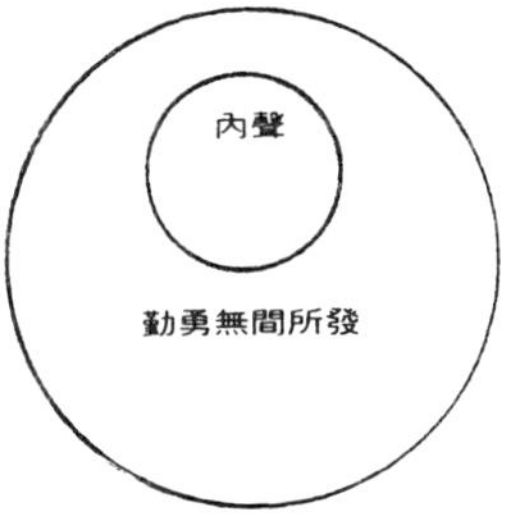

得知此因是符合「遍是宗法性」之「因第一相」。至於具「無常」性質的「同品」有：人為的手語、瓶、盆，自然界的雷、電，乃至山、河、大地等等。今以〔圖2〕，顯示此因是否符合「同品定有性」此「因第二相」：

〔圖2〕

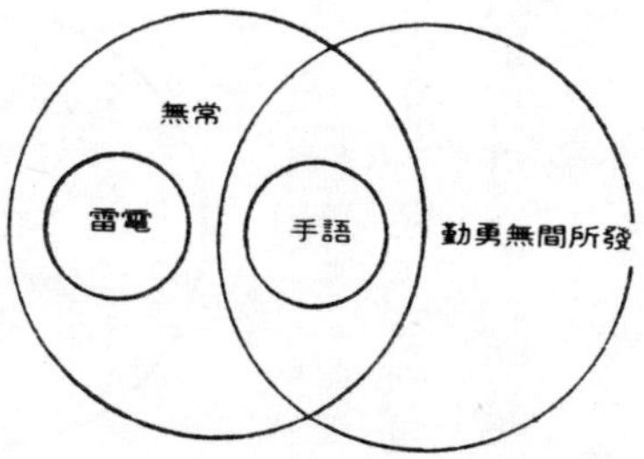

於「同品」中，最少有人爲的「手語」具有「勤勇無間所發」因；以「手語」具「無常」性質，同時是由作意專注力勤策無間發出的（雖不用脣舌等發音器官發出，但用手形發出，不失「勤勇無間所發」的意義）；假若「所發」的意義加以擴展而兼具「使之出現」義，則「瓶」、「盆」等亦具此因。可見「勤勇無間所發性」因，對「內聲是無常」宗，是滿足「同品定有」此「因第二相」的要求的。不過「同品」中有「雷電」及至「山」、「河」、「大地」等自然界的事物卻不含此因，非「勤勇無間所發」故，見〔圖2〕；但這亦無妨，因爲「因第二相」只求「同品定有」，不求「同品遍有」（然而「同品遍有（此因）」亦可接納，如上述第一例中，「聲是無常」宗，「所作性故」因，便是。於此例中，「無常」與「所作」，由「同品遍有」、「異品遍無」，則那兩概念的外延完全相同，若以圖來表示，可以用一個圈來統攝兩個概念如〔圖3〕：

〔圖3〕

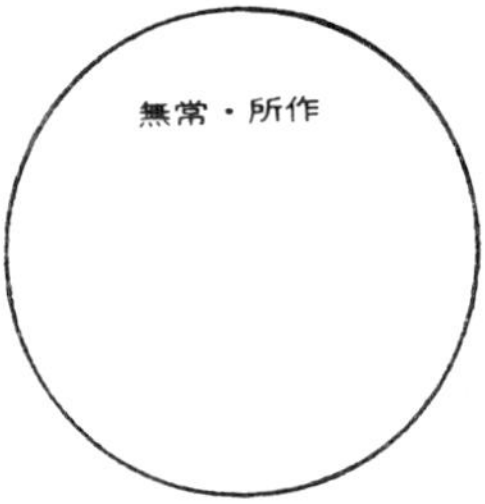

但於本例中，「無常」與「勤勇無間所發」這兩個概念的外延並非同一，所以在圖解時，便不能像〔圖3〕一般，以一個圈來統攝它們。

至於「異品」中，有「虛空」等不具「勤勇無間所發性」因，而且所有「異品」都不具此因，如〔圖4〕所顯示：

如是「勤勇無間所發性」因，對「內聲是無常」宗，是能滿足「異品遍無性」這「因第三相」。今結合「因第二相」及「因第三相」便得「勤勇無間所

〔圖4〕

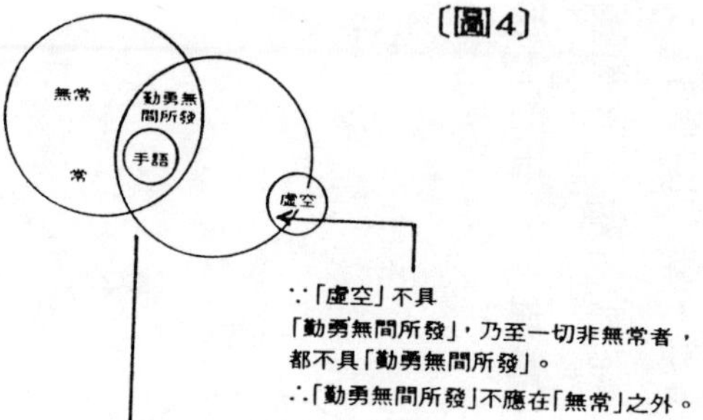

〔圖5〕

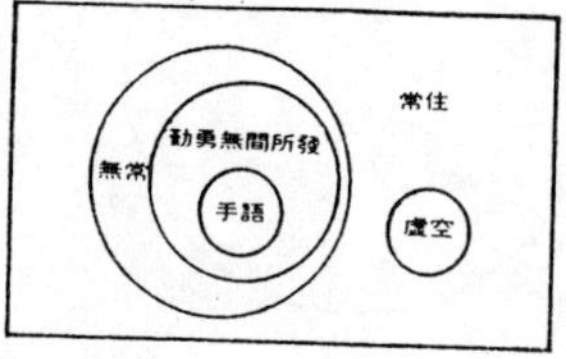

發性」與「無常」的不相離性，即「凡勤勇無間所發者皆是無常」（見〔圖5〕），亦可說：這便構成「若是勤勇無間所發者，見彼無常」這個符合「說因宗必隨逐」的原則性命題。今再配合「內聲是勤勇無間所發」這「因第一相」，可得〔圖6〕：

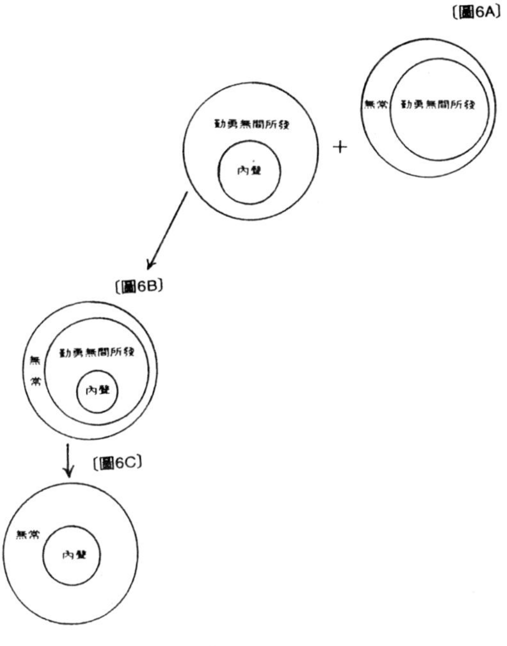

於〔圖6〕(A)、(B)、(C)所見，由於「勤勇無間所發」因，具備「第二相」及「第三相」，於是得出「若是勤勇無間所發者，見彼無常」，再配合它具備「內聲是勤勇無間所發」這「第一相」，因而可於〔圖6C〕，得見「內聲是無常」。由此證明「勤勇無間所發性」因，由三相具足故，具充足條件以證成「內聲是無常」宗是正確無誤的⑳。

最後論文中說「此中『所作性』或『勤勇無間所發性』……是『無常』等因。」此中的「等」字是「空」、「無我」義，表示「所作性」因足以證成「聲是無常」宗之外，還足以證成「聲是空」、「聲是無我」等宗支；而「勤勇無間所發性」因，除足以證成「內聲是無常」宗之外，還足以證成「內聲是空」或「內聲是無我」等宗支。何以故？這因爲上述二因，對所立宗，都是「三相」具足，所以都是正因的緣故。其文易解，今不再贅。

【註釋】

①窺基《大疏》除了說明「因三義」外，還把「因」分成「六因」：即「生因」有三（言生因、智生因、義生因）；「了因」有三（言了因、義了因、智了因）。又謂「正意唯取『言

生（因）』（立論者所立的宗、因、喩）及『智了（因）』（敵者、證者了解宗、因、喩的智慧）。由『言生（因）』故，敵（者）、證（者）解生；由『智了（因）』故，隱義今顯。」這牽涉到認知的心理活動問題，恐繁不贅，有智者可參考《大正藏》卷四四、頁一〇一至一〇二；熊十力《因明大疏刪注》頁十八至十九，金陵版；陳大齊著《因明入正理論悟他門淺釋》頁三五至三九，台中華版；及沈劍英撰《因明學研究》，頁五四至五七，中國大百科全書版。

②窺基《大疏》作「向」、「面」、「邊」解，呂澂《因明綱要》作「表徵」解，俄人Stcherbatsky在他的"Budbhist Logic"中譯作"three marks"，義同呂澂，但呂澂後撰《因明入正理論講解》頁一二，則改作「形式」義。愚意以爲作「法則」解較爲易懂。

③《藏要》本對勘梵藏二本，謂「因初相」缺「遍」字。漢譯加「遍」字於義理上無違原意，於文意上則更爲明確。

④此間的「宗」等，是從狹義言，指「宗支的主語」、「宗支的前陳」、「宗支的有法」解。

⑤此間「遍」字除有「周遍」義、「周延」義外，並兼有「共許極成」義；「性」是「相」義，今作「特性」解。

⑥就「宗、因、喻三支」的內部結構而言，「宗支」名「所立」，「因、喻二支」爲「能立」，由「能立」以證成「所立」故。

⑦就窺基《大疏》所說，「同品」可分「宗同品」及「因同品」：

(a)「宗同品」：與宗支後陳同類相似的事物，如「宗：聲是無常」中，與「無常同類相似的事物」，像瓶、盆等，便是「宗同品」。

(b)「因同品」：與因同類相似的事物，如「因：是緣生故」中，與「緣生同類相似的事物」，像瓶、盆等，便是「因同品」。

從上述例子中，我們發現「瓶、盆等」既可作「宗同品」，也可作「因同品」，也就是說「在宗同品中定有因同品」，這就是「因第二相」所謂「同品定有性」的意思。

⑧「有法」就是作爲「宗支的主語」；如在「聲是無常」這個宗支中，主語是「聲」，所以「聲」便稱爲「有法」。

⑨依《藏要》校勘梵藏二本，第三相只作「異品定無」，不作「遍無」。依義理分析（見下文的「九句因」），還是「異品遍無」比較合理。

⑩窺基《大疏》說：「處謂處所，即除宗（的主語）外餘一切法。」所謂「除宗」，應指異

品亦要「剔除有法（宗的主語）」，其理如「同品」中說。

⑪窺基《大疏》說：「謂若諸法處，無因之所立，即名異品。」按句中前半部已言「諸法」，後半部說「所立」，即「無所立法處，爲異品」。

⑫依窺基《大疏》的說法，「異品」有分兩類：

(a)宗異品：沒有宗後陳（謂語）性質異的事物；如「聲是無常」宗，「虛空不具」「無常」性質，所以從「宗支」角度來說，它是「宗異品」。

(b)因異品：沒有因的性質之事物；如「所作性故」因，「虛空」不具「所作性」，所以從「因支」角度來說，它就是「因異品」。

在一個「能立」的論式中，假若一切的「宗異品」都必然完全爲「因異品」時，就說這個因符合了「異品遍無性」的法則了。

⑬「若有是常，見非所作」這個命題，本是「異喻體」的文字（見下文釋喻中說），今本論爲着解說上的方便，利用了「異喻體」來顯示本因是符合「異品遍無」這「因支的第三條法則」（即「因第三相」）。因爲「異喻體」的作用，本來就是藉着它來反映所舉因是符合「第三相」的，故借用無妨。

⑭窺基《大疏》云：「何故前說宗之同品不兼（解）定有，此釋異品兼解遍無？答：……同品順成，但許有因即成同品，易故不解決定有性；異品止濫，必顯遍無方成止濫，故解異品，兼解遍無同品因也。」《大正藏》卷四四，頁一〇八。

⑮依傳統邏輯的直接推理：

凡M爲P→凡M不是非P（換質）

→凡非P不是M（換位）

依符號邏輯：

（p→q）⇩（∼q→∼p）

⑯依傳統邏輯的直接推理：

凡非P不是M→凡M不是非P（換位）

→凡M是P（換質）

⑰如果把「同品」分爲「宗同品」和「因同品」來說，則「宗同品的分子」與「因同品的分子」恰恰相同相等，故可說爲「同品遍有（此因）」。

⑱立「同品定有」，要求較寬，可以涵容「同品遍有」；立「同品遍有」，要求較嚴，不能

涵容「同品定有」。

⑲依智周《前記》，有這樣的說法：「且聲生中有其二類：一執內外聲皆是常；二執內聲常，外聲無常。」所說與窺基《大疏》稍異。依《大疏》，以聲顯論者主張「聲本無常，隨緣所顯」，所以佛弟子對聲顯論者立論，不能以「所作」爲因，以彼執聲非緣生，只是緣顯，所以用「勤勇無間所發」爲因。可是並非一切聲皆是「勤勇無間所發性」（外聲如自然界的風聲、雨聲便非勤勇無間所發性；只有內聲如人語及動物鳴叫之聲才是「勤勇無間所發」，因此先立「內聲非常」，使「因支」符合「遍是宗法性」的第一相。論證得到成立後，再進行「外聲非常」的論證。若依智周所記「勤勇無間所發」因，是對「聲生輪第二派」立「內聲無常」而設的，證成之後，也不必再立「外聲無常」宗，因彼派亦許「外聲是無常」故。今暫從窺基所說。

⑳在「九句因」中，「所作性」因，對「聲是無常」宗，於第二、三相言，屬「同品有、異品非有」，第二句攝；「勤勇無間所發」因，對「內聲是無常」宗，屬「同品有非有、異品非有」，第八句攝。二者都是正因。有關「九句因」義，將於論「似因」中再予詳述。

4 引喻

【正文】喻有二種：一者同法，二者異法。同法者，若於是處顯因同品決定有性(1)，謂「若所作，見彼無常，譬如瓶等」。異法者，若於是處，說所立無，因遍非有，謂「若是常，見非所作，如虛空等」。此中「常」言表「非無常」，「非所作」言表「無所作」，如「有」非有，說名「非有」(2)。

【註文】

(1)依《藏要》校勘梵、藏本，此句意云：「顯因於同品定有。」

(2)依《藏要》校勘梵、藏本，此句意云：「如無彼有說名非有。」

〔一〕概述：就因明「宗」、「因」、「喻」三支論式的內部結構來說，「宗」是所立，「因、喻」是能立。就「因」的構成法則來說，只要它能夠具備「三相」，已經是充足條件來證成「宗支」的正確性，已經是有效的「能立」；不過在三支論式的表達形式上，「因支」較能明顯地顯示出「遍是宗法性」此

「因第一相」，而未能清晰地顯示出它的「第二相」和「第三相」（即「同品定有」及「異品遍無」），所以後之二相，有必要藉「喻支」來顯示出來①。

「喻」，梵文作udāharana，是「見邊」的意思。窺基《大疏》說：「今順方言，名之爲喻；喻者：譬也、況也、曉也；由此譬況，曉明所宗。」「見邊」是本義，「譬也、況也、曉也」是「喻支」在漢語的引申義。何以「喻」有「見邊」的意義呢？窺基《大疏》引述《阿毘達磨集論》卷七有關無著論師（Asańga）的話來解釋，無著云：「立喻者，謂以所見邊與未所見邊和合正說。」②然後再引師子覺的解釋：「所見邊者，謂已顯了分；未所見邊者，謂未顯了分。以顯了分，顯未顯了分，令義平等，所有正說，是名立喻。」無著處在「古因明」流行時代，他所說的見邊，應以「古因明五支作法」的例子來說明，如有佛弟子對聲生論者立量言：

宗：聲是無常，

因：所作性故。

同喻：猶如瓶等，於瓶見是所作與無常，

合：聲亦如足，是所作性，

結：故聲無常。

異喻：猶如空等，於空見是常住與非所作，

合：聲不如是，是所作性，

結：故聲無常。③

「見」謂知識、經驗，「邊」謂邊際，經驗的終極邊際，說名「見邊」。「見邊」有兩種：一是「所見邊」，二者「未見邊」。「所見邊」指立敵共許、顯然明了的經驗邊際，如於「瓶」上，見具所作性及無常性，乃至於「盆」之上，見具所作性及無常性；反之，於「空」之上，見常住性與非所作性。「未見邊」指主、敵未共許的「聲是無常」此待證的終極知識，此知識爲敵論者所未顯了部分。今以「顯了部分的終極知識或經驗」（如瓶、如盆等上，見所作性及無常性，及在反面的虛空上，見常住性及非所作性），因而使敵論者明白顯了其「未顯部分的終極知識或經驗」。（此即「宗支」（（聲是無常））；此指於「聲」之上，一如「瓶」、「盆」等都「平等」具有「無常」「義」，以「聲」同樣具所作性故，但不如「虛空」等，於「虛空」之上見常住性及非所作，以「聲」不如是，是所作，故非常住。）如是希望把「因」的「所作性」與「宗」的「無常性」之關係建立起來，以究竟顯了「宗」是可接受的。要達成這樣「見邊」的目的，必須舉出正反的例證，正面如「瓶」如「盆」，反面如「虛空」等，以作譬喻，以作比況，以開曉敵論者，使其透過「已顯了的所見邊部分，而顯了（開曉明白）其未顯了的未見邊部分（即是「聲是無常」的「宗義」），亦即「和合已知和未知，用已知證成未知」④，這就是「喻」的原來意義。不過自陳那論師建立新因明，立「三支比量」，而「喻支」之上再分「喻體」和「喻依」，於是一方面保留「喻」的本來意義及作用，一方面加強了「因」與「宗的謂語（後陳）」的不相離關係，使它更能無誤地、清晰地顯示出「因二、三相」，使敵論者生起正智，所以窺基把「喻」的「見邊」義重新界定爲「由此比況，令宗成立，究竟名邊；他智解起，照此宗極，名之爲見」，其詳當於「同法喻」、「異法喻」中重行闡釋⑤。

（二）釋同法喻：「喻支」，依陳那的新因明，在保留古因明有關喻的含義之基礎上，開出「同法喻」和「異法喻」兩大類別⑥；而每一類又再分成「喻體」和「喻依」兩部分：

- 喻支
  - 同法喻
    - 喻體
    - 喻依
  - 異法喻
    - 喻體
    - 喻依

今先討論「同法喻」。論文說言：「同法者，若於是處顯因同品決定有性，謂若所作，見彼無常，譬如瓶等。」⑦今依例闡釋如下：

宗：聲是無常，（佛弟子對聲生論者立）

因：所作性故。

- 同法喻
  - 喻體：若是所作，見彼無常，
  - 喻依：譬如瓶等。

「同法」、「同喻」與「同法喻」實是同義詞。至於解「同法喻」，漢譯

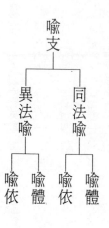

與梵、藏二本有別。漢譯言：「若於是處因同品決定有性」，便是「同法喻」。若依窺基《大疏》的主張，把「同品」分爲「宗同品」及「因同品」。「宗同品」是任何含有「宗的後陳（謂語）」（亦名「宗法」）性質的事物，如瓶、如盆，它們含有「不共許宗法」⑧性質的事物，所以從這角度說是「宗同品」；「因同品」是任何含有「因」（亦名「因法」，亦名「共許因法」⑨）的性質的事物，如瓶、盆等，從與「因」有關的角度看，亦得名「因同品」。今「同法喻」，就是顯示除了宗主語外（按：此名「剔除有法」）對於任何事物（即論文所謂「若於是處」），若果它是「因同品」，它必定是「宗同品」，如例中所說「若是所作（因同），見彼無常（宗同）」。這顯示有「共許因法」之處，「不共許宗法」決定隨逐。這正符合《正理門論》所謂「說因，宗所隨」的要求。正如以瓶、盆等作事例，瓶、盆是「所作」，瓶、盆亦必是「無常」。「瓶」、「盆」等亦是「宗同品」，亦是「因同品」；但在「同法喻」中，先說「因同」，後說「宗同」，以「共許因」例證「不共許宗」故，此正是窺基所謂：「正取因之同品，由有此故，宗必隨逐，故亦兼取宗之同品，合名『同法』。」

不過若與梵、藏對勘，則釋「同法（喻）」時，二本只說：「顯因於同品定有」⑩，所以呂澂依此，於「同品」之上，不再立「宗同品」與「因同品」，而以「同法」就是「同喻」，「同喻是表示『因中法』（如『所作』）與『宗中法』（如『無常』）之間的關係的。這句話的意思是：如果在某處顯示出同品定有性，該處便是同喻。同喻要這樣：若是所作，便會從經驗上得知它是無常，譬如瓶等。」⑪若依梵、藏二本，把「同法喻」說為「顯因於同品（決）定有」（「定」字解作「決定必然」義），如例中所說「若是所作，見彼無常」，即「於一切所作法上，除了『宗的前陳（主語）——聲』外，都決定經驗到它們是無常的。」那是合理的說法，與《理門論》所謂「說因，宗所隨」是一致的。不過呂澂所謂「如果在某處顯示出『同品定有性』，該處便是同喻。」便有商確餘地，熊十力亦謂「同法喻」是「顯示因之同品定有性，即顯『因之第二相』」⑫，更不應理。何則？有關「同法喻」，論文是分「喻體」和「喻依」的。「喻體」的表達形式是這樣的：

「若是所作，見彼無常。」（如M，則P）

這正是一個「假言命題」（hypothetical proposition），也可以改寫成一個「定言命題」（categorical proposition）：

「凡所作者，皆是無常」（凡M是P）

「同喻體」與「因第二相」的含義及表達方式都截然不同。「同品定有（此因）」是「因第二相」，在文字上及符號的表達上是：

「在無常（宗法）事物中，定必有些是含有所作（因法）的性質的。」

——簡言：「有無常是所作性。」（有P爲M）

「有P爲M」，以圖解析如〔圖1〕所示：

〔圖1〕

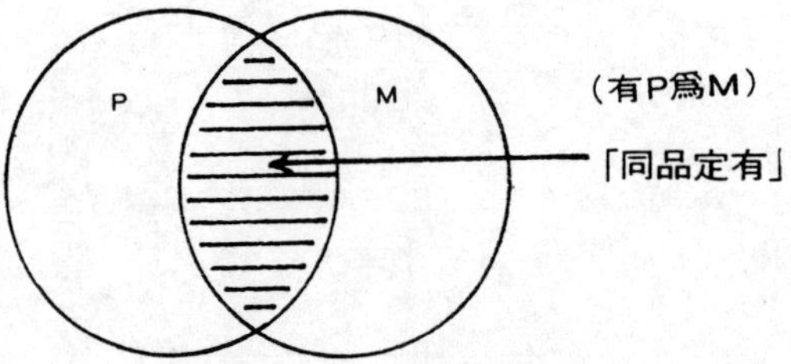

至於「同喻體」的表達形式是「若M、則P」或「凡M是P」，它的解析有如〔圖2〕：

〔圖2〕

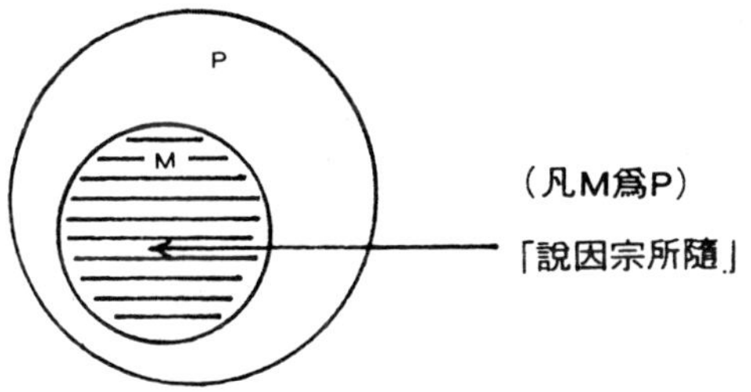

〔圖1〕與〔圖2〕的意義是顯然不同的。〔圖1〕顯示「有P是M」或換位爲「有M是P」，「只有部分的P是M」或「只有部分的M是P」，指的是「部分」，所以稱爲「偏稱肯定」的命題，而〔圖2〕所表達的「若M，則P」或「凡M是P」，即「全部的M都是P」，是指全部，非僅指部分；雖然

〔圖2〕若眞、〔圖1〕亦眞，但〔圖1〕若眞，則〔圖1〕卻不定。因此我們不能以〔圖1〕來顯示〔圖2〕。我們要求「凡所作者，皆是無常」這個「同喻體」是眞，實不能單靠「因第二相」了。所以，如果認爲「同法喻」是顯示「因第二相」的，這種說法是不很正確（雖然它也具有顯示「因第二相」「同品定有性」的能力）。「同喻體」的構成，一如我們在上一節「辨因〔六〕釋因三相的關係」中所說，「同喻體」是由「因第二相」結合「因第三相」成構的，所以它不但能顯「因第二相」，同時並顯示「因第三相」的。我們試以符號說明如下：

P：同品（宗同品）（如說：含無常的事物）

非P：異品（宗異品）（如說：不含無常的事物）

M：因（因同品）（如說：含所作的事物）

非M：非因（因異品）（如說：不含所作的事物）

（因第二相）同品定有：有P是M（如說：有無常是所作）

（換位）→有M是P⑬（如說：有所作是無常）

（因第三相）異品徧無：凡非P不是M（如說：凡常住非所作）

(a)凡M是P
(b)有M是P

（換位換質）→凡M是P⑭（如說：凡所作是無常）
（亦可說：若是所作，見彼無常。）

從「因第二相」連結「因第三相」，經過「換位」及「換位、換質」之後，我們得出兩個結論：

(a)凡M是P
(b)有M是P

依(a)「凡M是P」，我們便得出「同喻體」：「若是所作，見彼無常」⑮；依(b)「有M是P」，我們便得出「有所作是無常」，這便是「同喻依」，但依因明的習慣，此「同喻依」只需要列出實例便可以，即「譬如瓶等」便可（按：「譬如瓶等」，其含義即是：「譬如瓶等是所作，瓶等是無常」，都是徧稱肯定，義同於「有所作是無常」，「有M是P」。由上述的論證可見「同法喻」（包括「同喻體」的「若是所作，見彼無常」及「同喻依」的「譬如瓶等」）中，我們可以說「同喻依」是顯示「同品定有」這「因第二相」的，亦跟「古因明」的「喻支」作用相近，因為「古因明的五支作法」中的「喻支」是這樣表達的：

「猶如瓶等，於瓶見是所作與無常。」

但我們不能說「同喻體」是顯示「同品定有」這「因第二相」的。因為「同喻體」（「若是所作，見彼無常」、「凡M為P」）無論在表達形式上或邏輯結構上都不與「同品定有」（即「有P是M」）相同。所以上述有關呂澂及熊十力的說法（按即「同喻顯因之第二相」）是不能成立的。

我們尤當注意到陳那的立「新因明三支比量」，他把「喻支」開成「喻體」和「喻依」，那在因明發展史上實在是一大貢獻。何則？試把新舊因明的喻支作一比較：

古因明的同喻支	新因明的同喻支
(a)猶如瓶等，	喻體：若是所依，見彼無常。
(b)於瓶見所作與無常。	喻依：譬如瓶等。

「古因明同喻支」的(a)部分（即：「猶如瓶等」），跟「新因明同喻依」（譬如瓶等），在表達形式及作用上都很相似，都具比況、取譬以曉喻敵者、證者的作用，但不能依此而推證「聲是無常」是正確的。同樣「古因明同喻支」的(b)部分（即：「於瓶見所作與無常」），亦不具推證作用，如下圖所示：

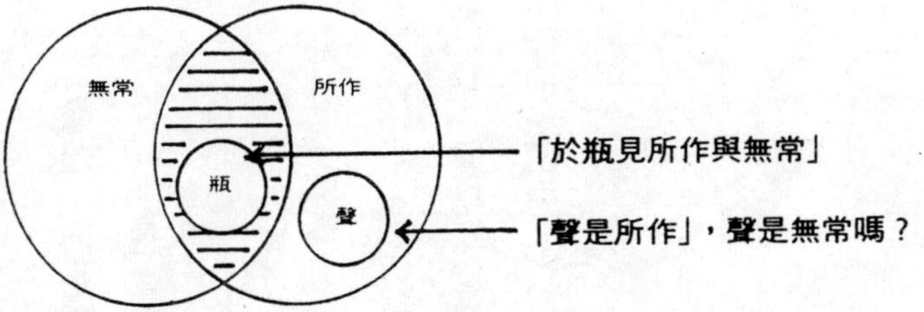

但「新因明的喻體」則不然，「若是所作，見彼無常」是構成一原則性的

判斷命題，把「因」及「宗後陳（謂語）」的「不相離性」顯示出來，以作推證「宗支」的依據，如圖解：

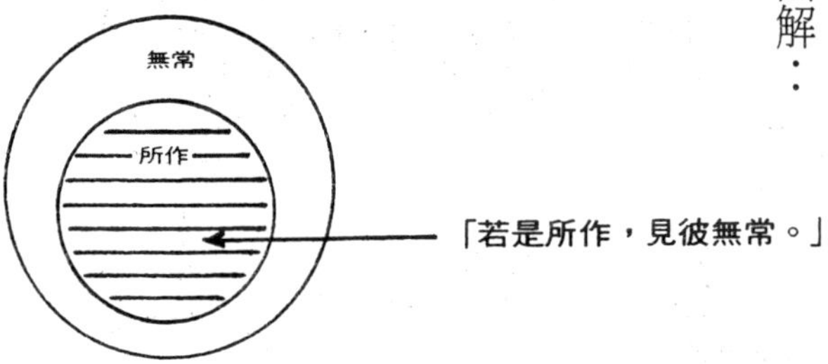

我們以共許的「同喻體」爲普遍原則作依據，加上共許的「因支」（即「聲是所作」）便可以推證違他順自的「聲是無常」是正確的，以開悟敵者、

證者的智慧而得以接受而成共許的知識，此「喻支」「見邊」的意義，可圖解如下：

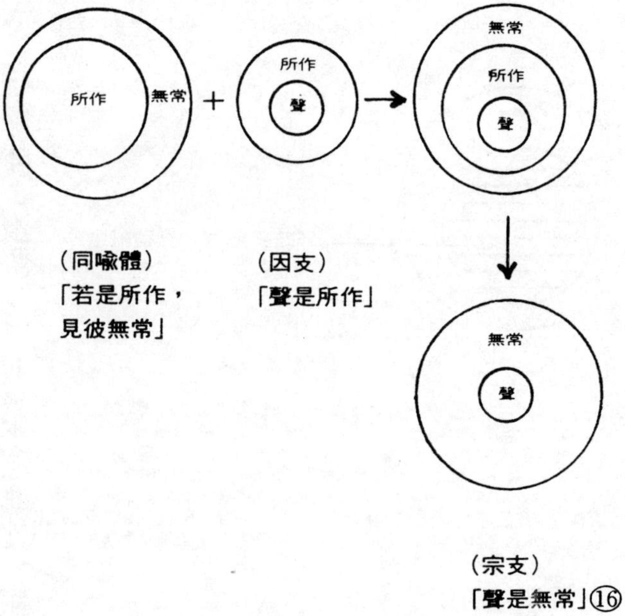

〔三〕釋異法喻：「喻支」於「同法喻」外，並有「異法喻」。甚麼是「異法喻」呢？論文說言：「異法（喻）者：若於是處說所立無，因遍非有。謂若是常，見非所作，如虛空等。此中常言，表非無常，非所作言，表無所作；如有非有，說名非有。」文分三節，首節界定「異法喻」，次節舉「異喻體」及「異喻依」的事例，末節釋「異喻體」中有關「常」字和「非所作」兩詞的「遮詮」用法。今為理解方便，依前述「宗」、「因」二支，再配上「異法喻」，排列如下：

宗：聲是無常，（佛弟子對聲生論者立）

因：所作性故。

異法喻
- 喻體：若彼是常，見非所作。
- 喻依：如虛空等。

「如虛空等」中的「等」字，是外等義，即除「虛空」外一切立、敵雙方認可是常而兼非所作的事物。「喻」的本義是「見邊」，即從已有共許經驗的究竟邊際，以推證敵者所未曉悟的未共許的知識而使其終究曉悟。這種工作可分別從正反兩面進行。前述的「同法喻」是從正面進行，即從「同喻體」中「若是所作，見彼無常」成立一個具普遍性的原則命題，再加上「同喻依」的「譬如瓶等」以作例證，如是配合「聲是所作」因，以推證或歸證「聲是無常」這個不共許的「宗」，成爲立、敵、證三者共許的知識。

因明學者爲使敵論、證論能對所立的「宗」的正確性有更深入的理解，除了從正面申說外，兼從反面加以申說。其方式是這樣的：前已建立「聲是無常」，其理由是共許「聲是所作」，而已有經驗告訴我們：「若是所作，見彼無常」，今再運用「歸謬方法」（reduction to absurdity）：設「聲是常住的」（「無常」的否定便成「非無常」，簡名「常住」或名是「常」），看看與共許的「聲是所作」有無矛盾。於是我們進行反面的歸納，則我們從經驗界中，得見一切常住的事物，都不是所作的。若假設「聲是常住」，則變成「聲非所作」，此有違經驗，有違立、敵極成共許的已有經驗，所以「聲是常住」這個假設不能成立；「聲是常住」既不可能，則立論者所立的「聲是無常」宗，便是正確便得成立，敵、證應該依理而加以接受，這就是「異法喻」從反面歸證的意義所在。

這樣從反面歸納的「歸謬方法」，必須從不共許「宗的後陳（謂語）」開始，以考察與共許「因」的關係，因此在表達方面，也必須是「先宗（的後陳謂語），後因」的，此與「同法喻」恰恰相反（按：「同法喻」在表達上是「先因後宗（的後陳謂語）」的）。如果「因支」是符合「因第三相」（即「異品遍無性」），則考察的結果，必然是「宗無因不有」（按：即否定「宗的後陳謂語」，必然同時否定能立之「因」），因爲「歸謬」的反面考察，就是隨順「因第三相」的思維次第進行（按：「因第三相」「異品遍無此因」的法則，也是先從「宗異品」開始，以見彼異品遍無此因。而「異法喻」正要把這「因第三相」連同此「歸謬」作用一同反顯出來，所以論文以「若於是處，說所立無（按：即凡「異品之處」）因遍非有。」來界定「異法喻」的。這種表達方式跟「異品遍無性」此「因第三相」可說是同出一轍，雖然作用是有所區別（如上述闡釋「異法喻」有「歸謬」反證作用，而不僅僅顯示「因第三相」作止濫而已），「因第三相」是這樣闡說的：

「異品者：謂於是處無其所立（按：『所立』指『宗的後陳謂語』），若有是常，見非所作，如虛空等。」

「異品」所謂「謂於是處無其所立」，與「異法喻」所謂「若於是處說所立無」根本就是同義，而其下句「因遍非有」，也就是「因第三相」的「異品遍無（此因）」；而「異品遍無（此因）」的例子是「若有是常，見非所作」如「虛空等」，跟「異喻體」、「異喻依」的「若彼是常，見非所作，如虛空等。」只有一字之差，其義可說完全一致。因此《大疏》所說「二喻即因」雖然用辭有欠清晰詳盡⑰，但除作用外，「異法喻」確能反映「因第三相」是無有疑義的⑱。

此外，有關「異法喻」的表達方式，一如「同法喻」，於「古因明」與「今因明」之間是有明顯的差異的，今列舉實例，比較如下：

古因明的異喻支	新因明的異喻支
(a)猶如空等， (b)於空見是常住與非所作。	喻體：若彼是常，見非所作。 喻依：如虛空等。

「古因明的異喻支」的(a)部分（即：「猶如空等」，跟「新因明異喻依」（如虛空等）根本就是同義，在表達形式及作用上都無差別，都從反面來比況、取譬以喻敵者、證者，但不能依此以推證「聲是無常」是正確無誤的。同一理趣，「古因明異喻支」的(b)部分（即：「於空見是常住與非所作」），亦不具推證作用，見〔圖1〕、〔圖2〕、〔圖3〕：

〔圖1〕

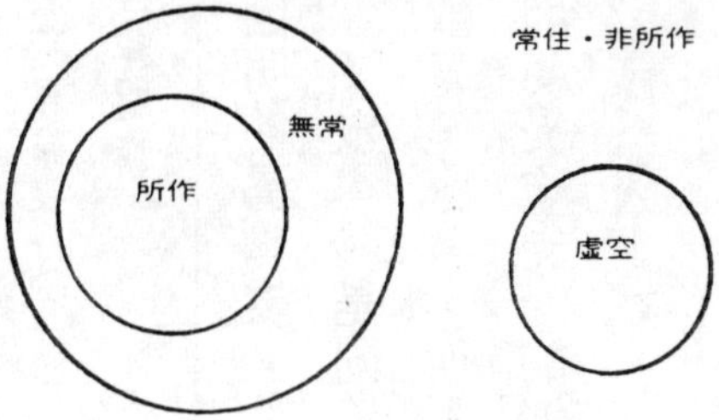

〔圖2〕

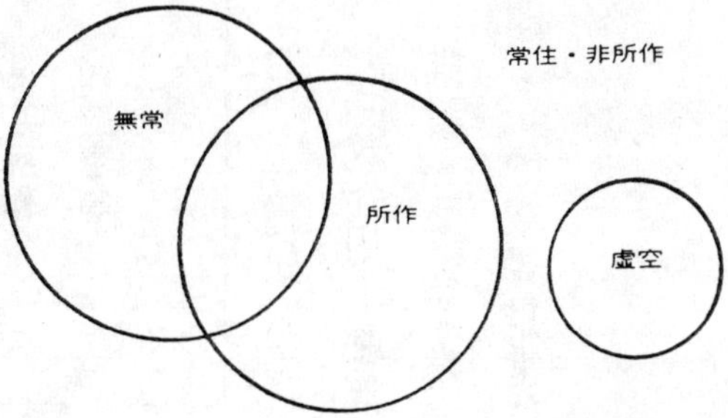

〔圖3〕

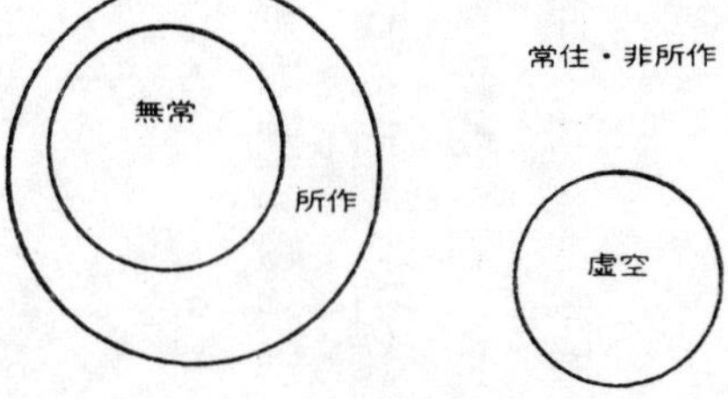

從上述的三個圖解所顯示，「於空見是常住與非所作」可有三種不同含

義，故實不能依彼以作原則性的命題，以推證「聲是無常」的正確性。但「新因明的異喻體」則不然，「若彼是常，見非所作」這是一個淸晰明確的判斷，可以圖解成：

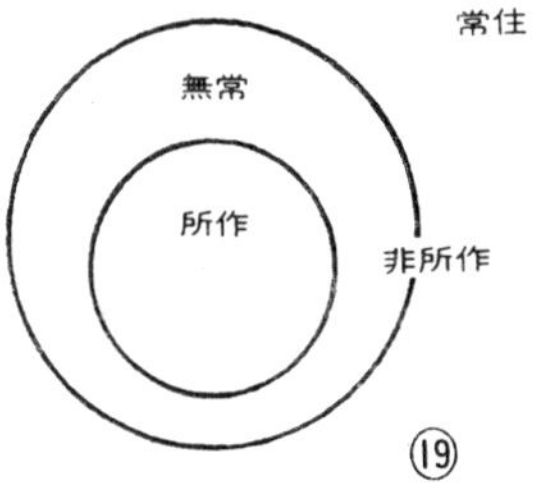

⑲

於此圖中，我們只可讀成「若彼是常，見非所作」這「假言命題」，或讀成「凡是常住都不是所作」這「定言命題」，而不能讀做「若非所作，見彼是常」，或「凡非所作都不是無常」，因爲圖中顯示「有些非所作，可能是無常的」。因此「異喻體」是一個原則性的判斷，它顯示出「（宗）異品」與「因法」的不相離關係，在表達方式上必須「先宗（異品），後因（異品）（即無因處）」，這正符合《正理門論》釋「異喻」中所謂「宗無因不有」的大原則，依此原則爲根據，可以推出「聲是無常」的「宗支」來的。何則？「同喻體」與「異喻體」是邏輯等値的，因爲我們可通過邏輯的「直接推理」(immediate inference)，把「異喻體」推演到「同喻體」去，如：

（異喻體）凡非無常，不是所作。（意即：若彼是常，見非所作）

→凡是所作不是非無常（換位）

→凡是所作都是無常（換質）

（意即：若是所作，見彼無常）

（同喻體）

其實「異喻體」跟「同喻體」，都可以用同一圖解來顯示：

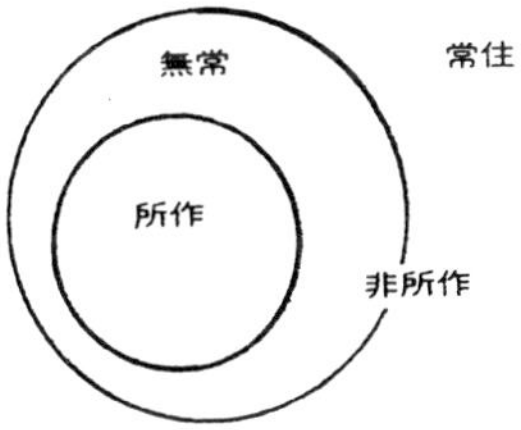

今配合「聲是所作」因，必可以作充足條件，推證「聲是無常」的宗支，其詳可參考上文有關「同法喻」闡釋的末段，今不複贅。

釋「異法喻」的論文中，別附「此中常言，表非無常，非所作言，表無所作；如有非有，說名非有。」一小節文字。其目的在補釋「異法喻」所用的辭彙概念都是運用「遮詮」（否定）的含義，以符合「宗無因不有」的理趣：如「異喻體」中前半句「若彼是常」，此中用「常」字，目的不在肯定「恒常」這積極意義，而在消極否定（遮撥）「無常」的含義，故論文說「此中『常』言，表（顯示）非『無常』。」又「異喻體」中後半句「見非所作」，此中用

『非所作』一詞，目的不在肯定有「非所作」這個正面積極存在的意義，而在消極否定（遮撥）「所作」的含義，所以論文說「『非所作』言，表（顯示）無『所作』」。此間「非」、「無」等字都是顯示「否定」或「遮撥」的消極意義，正如要否定「有」（按：「有」是「存在」義），要遮撥「有」，我們可以在「有」字之前加上一否定詞（或用「非」字，或用「無」字），於是構成了一個「非有」的新詞，這個「非有」的新詞並沒有肯定甚麼，它只是把「有」的含義加以遮撥，加以消極的否定罷了，所以論文補上一句「如『有』非有，說名『非有』。」⑳

如是「同喻支」，依陳那因明的三支作法，可以運用符號顯示如下：

宗：凡S爲P。

因：凡S爲M。

- 喻：
  - 同法喻
    - 喻體：若有M，則有P。
    - 喻依：如P_1、P_2等。
  - 異法喻
    - 喻體：若非P，則非M。
    - 喻依：如非P_1、非P_2等。㉑

【註釋】

①熊十力《因明大疏刪注》云：「若約三相，喻亦名因；若約三支，因喻可別。」熊氏的說法很對。以「因支」既具「三相」，「三相」已攝「喻」中的含義，所以說「二喻即因」或「喻亦名因」；不過立量之時，擺列「三支」，而「喻支」既具顯「因後二相」等作用，故言「因喻可別」（「因支」唯顯「第一相」）。見金陵版，頁三一。

②熊十力《因明大疏刪注》解釋說：「喻屬能立，宗是所立。能立所立共相隨順，名爲和合（按：宗與喻相隨順，名爲和合）；因及喻無過，此爲正說。」金陵版，頁三〇。

③此因明古學的五支作法，依呂澂《因明綱要》取例，商務版，頁五。

④借用呂澂用語，見呂著《因明入正理論講解》，頁十五，中華版。

⑤因明的「喻」，依窺基《大疏》中說，雖含「譬喻」義，但此不同於「修辭學」上的「明

喻」、「隱喻」，修辭學的比喻，如「人生不相見，動如參與商」，此雖以「參」、「商」的不同時出現，以曉喻人生相會的難得，但未具「推論」的作用（如：不能以「參商不相見」，以推證「人生不相見」）。至於因明的「喻」，是能從含義上或表達形式上，實具備有推證的依據以達成曉喻敵論者的目的，故兩者是有本質上的差異的，讀者於此不可不辨。

⑥有關「同法」、「異法」的定義，衆說不同，如窺基《大疏》所云：「法謂差別，共許自性，名爲有法。此上差別，所立名法（智周《後記》：謂所作性因，即是有法聲上差別所建立法）。今與彼所立（之）差別相似，名『同法』；無彼差別，名爲『異法』，異者別也。」意思是說：共許「宗的主語（前陳）」名爲「有法」，「宗的謂語（後陳）」稱爲「差別」；「法」就是「差別」，可稱爲「宗法」。依「遍是宗法性」此「因第一相」，「因」亦名爲「法」（宗的另一共許謂語），亦可稱爲「因法」。今此「因法」與彼「宗法」相似，故名爲「同法」；不與「宗法」性質相同的名爲「異法」。但呂澂依梵本所載，「同法」、「異法」僅有相同、相異的意思，所言「法」字，並無特別含義。「同法」就是「同喻」；「異法」就是「異喻」（見注④）。今從呂澂的主張，不另文詳述。

⑦依《藏要》校勘梵、藏二本，文詞微有出入，如有關「喻支」的分類，彼言：「喻有二種：一由同法，二由異法」；有關「同法喻」的解釋，彼云：「由同法者，若於是處，顯因於同品定有。」

⑧「宗支」「聲是無常」中的「無常」名爲「宗法」（宗的後陳謂語）；但此「聲是無常」宗，其「宗依」「聲」與「無聲」單獨而言是主、敵共許的，不過「聲是無常」整個「宗支」，則「違他順自」，不是共許的，從這角度方便而言，簡稱「宗支後陳（謂語）」爲「不共許宗法」。

⑨依「因第一相」（「遍是宗法性」），「因」亦是「宗的另一後陳（謂語）」，亦得名「法」，說名「因法」，如謂「聲是無常」宗，「所作性」因，此中立、敵雙方共許「聲是所作」，從這個角度方便而言，簡稱此「所作性」因，爲「共許因法」。

⑩見註⑦。

⑪見註⑦。又熊十力亦贊同不分「宗同品」與「宗異品」。他在《因明大疏刪注》中說：「《（大）疏》解同品，區爲宗同品、因同品，於異品亦爾。詞義糾紛，此姑不錄。呂秋逸（按即呂澂）《因明綱要》嘗駁之，甚是。」，商務版，頁二六。按：呂澂在《因明入

正理論講解》不把「同品」區分爲「宗同品」及「因同品」是依梵、藏本對勘而說的，（異品亦然）；至於在《因明綱要》中的主張，卻依《正理門論》三則爲據而定，如彼書「附說五」云：「《大疏》謂同喩相，正顯因同品處宗法（宗同品）隨有（窺基原文是：然實同品，正取因同，因貫宗喩，體性寬遍，有此共許因法之處，不共許法，定必隨故。……窺師所據，在《小論》（按：即是《因明入正理論》），以《因明正理門論》在漢土被尊爲《大論》）解同喩處「顯因同品決定有性」一句，以『顯因同品』爲（句）讀，（按：依呂澂意，此句應該讀成「顯因（於）同品決定有性」；後校梵、藏二本，亦意云『顯因於同品定有』，故云。）遂立名目，解作因同品處決定有宗，於是廣衍其說。釋喩釋因，觸處葛藤，莫由拔豁。其實勘彼理門，一則曰：『能顯示因（、）同品定有（，）異品遍無。』再則曰：『以具顯示同品定有（、）異品遍無。』三則曰：『然此因言（，）唯爲顯了是宗法性，非爲顯了同品（、）異品有性（、）無性，故須別說同異喩言。』是喩所顯：因後二相，毫無可疑。……」商務版，頁二五。

又按：呂澂在釋「同法喩」處，前據《理門論》，後據梵、藏二本，不立「因同品」，而只言「因於同品處有」，是持之有故，言之成理的。然而爲解說上的便利，使概念更爲清晰，則窺基的於「同品」之上，區分爲「宗同品」與「因同品」，使之更明確地顯示《理門論》所謂「說因、宗所隨」，於理實不相違。且依漢譯佛典，多四字一讀，如是論文，讀作「……若於是處、顯因同品、決定有性……」，詞甚流暢，理亦無違，而窺基更是玄奘高徒，於「因」之上，別出「因同品」，雖與梵、藏二本有異，想亦必有其故，非全杜撰。

⑫呂澂於《因明綱要・附說五》續說：「《小論》之文，自是同品屬下，而謂顯因之『同品定有性』。……」（見註⑪）而熊十力依彼而明說「同法喻」是「顯因之第二相也」。見熊著《因明大疏刪注》，頁三二，商務版。

⑬依傳統邏輯：

⑭依傳統邏輯：

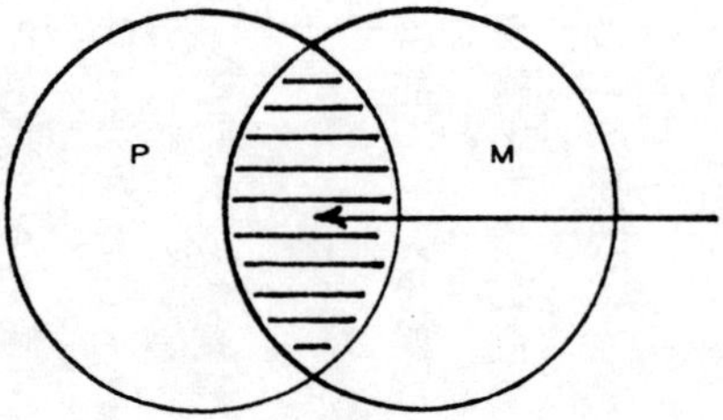

⑮「凡M是P」，依「定言命題」應寫成「凡所作皆是無常」，但此命題亦可依「假言命題」，寫成「若是所作，見彼無常」。

⑯由此可見「古因明的喻支」只有比況、曉喻的作用，而「新因明的喻支」，其中「喻依」

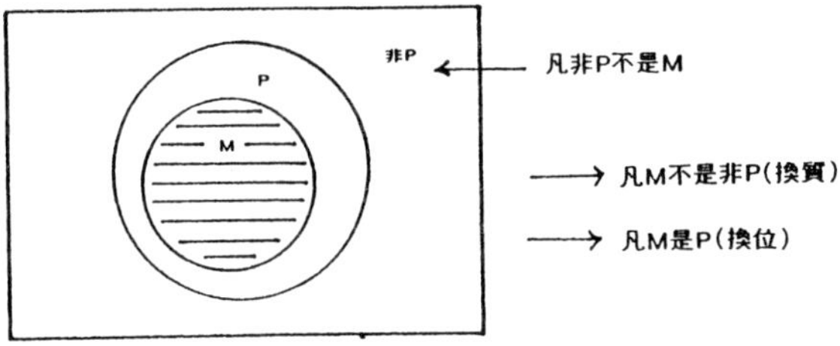

固然具備比況、曉喻功能，而「喻體」更具備推證或歸證的效用，這就是陳那改革因明的一大貢獻。

⑰霍韜晦於《佛爲邏輯研究》中，反對「二喻即因說」，見該書頁七六至七七。

⑱「因支」本身顯示「因第一相」，「同喻依」顯示「因第二相」，「同喻體」、「異喻體」、「異喻依」顯示「因第三相」。依此理趣，窺基《大疏》說「二喻即因」，從其能顯示的角度言，實無過謬。

⑲若「無常」的外延跟「所作」的外延完全相等，則亦可繪成下圖：

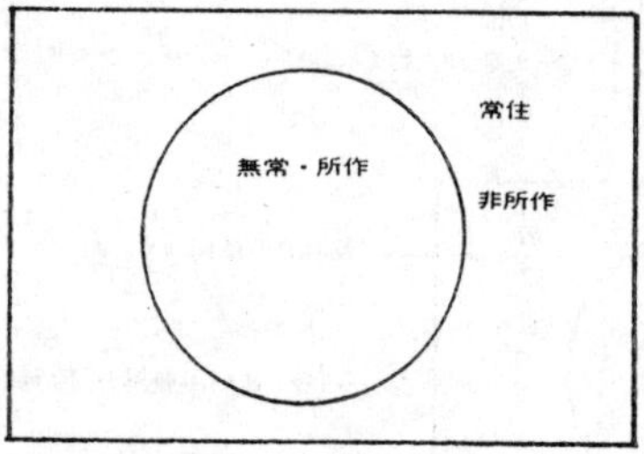

但依此亦得見若「聲是所作」，則「聲是無常」。此亦可作推證的依據。

⑳論文「如有非有，說名『非有』。」，依窺基《大疏》是有不同解釋的：

一者、勝論（Vaiśeṣika）把宇宙萬有分成六個範疇，名叫「六句義」。「六句」中有「大有句」能使其餘萬有一一存在，簡稱爲「有性」或「有」。陳那要把這個「有性」或「有」加以否定，論文中所謂「『有』非有」，就是把勝論所執的「有性」或「有」加以消極否定的意思；這樣的消極的遮撥，在用詞上，說名「非有」；依此證彼「異法喻」中的「非所作」，其含義亦是把「所作」加以消極的遮撥。

二者：論文中「如有」一語，是設舉「大凡之詞」，（見熊十力《因明大疏刪注》頁三九，商務版）而「如有非有，說名『非有』」一語，意即：大凡把「有」加以否定遮撥，我們可運用「非有」這種表達方法；以此例彼，要把「無常」加以遮撥否定，可用「非無常」，轉語成「常」，此「常」唯有消極的遮詮義，而無積極的表詮義；又如要把「所作」加以遮撥否定，可名之爲「非所作」，此亦唯顯其遮詮義。

三者：《藏要》本註云：「梵本此句意云：如無彼有，說名『非有』。」

按：在語言的運用上，一般有「表詮」與「遮詮」兩種含義；「表詮」等於邏輯上的積極肯定義；「遮詮」等於消極否定義。如「菩提樹」一詞，它兼具「表詮」及「遮詮」兩意，因爲「菩提樹」一詞，一方面肯定有「某種樹木名菩提樹」，這是「表詮」，一方面它又否定「它是菩提樹以外的其他樹木」，所以它是兼具「遮詮」義。至於「無我」一詞，則只是否定妄情所執「實我」的存在，此外並無任何的肯定，所以「無我」唯有「遮詮」義，並無「表詮」義。

㉑依《大疏》所述，宗、因、喻的「有體」與「無體」（按：「有體」表示立、敵共許極成的；「無體」表示立、敵單方便認可的，故必須用「簡別語」加以顯示；若立、敵雙方都不共許的概念，便無論辯的意義了），與「同喻」、「異喻」的「有體」、「無體」是有一定的配合規律的，如窺基在《大疏》卷四云：「同喻能立（「同喻即是能立」、「宗是所立」），成有必有，成無必無（即要成立有體宗，必用有體同喻，成立無體宗，必用無體同喻）；……異品不爾，有體、無體一向皆遮，性止濫故（即要成立有體或無體宗，運用有體異喻或無體異喻，兩者均可，因異喻的目的在止濫故。）今借沈劍英的表解修訂如下：

（兩俱）有體宗
- 同喻——有體
- 異喻——有體或無體

（隨一）無體宗
- 同喻——無體
- 異喻——有體或無體

但基於兩個原因，此種分辨不作詳細解說：一者、窺基所定的規律，只從大處一般來說，其中仍有不少例外；二者、依邏輯理論而言，只要用「因後二相」來審訂便可，不必另立法則來作強行規定。讀者若於此有特殊興趣，可直接參考《大疏》或沈劍英《因明學研究》第五章「有體與無體」，頁一二四至一四一，中國大百科全書版。

5結成

【正文】已說宗等(1)。如是多言開悟他時，說名能立。如說「聲無常」者，是立宗言；「所作性」者，是宗法言；「若是所作，見彼無常，如瓶等」者，是隨同品言；「若是其常，見非所作，如虛空」者，是遠離言。唯此三分，說名「能立」(2)。

【註文】

(1)《藏要》本，「已說宗等」自成一句，且在闡釋「喻支」一段作結語。而《大正藏》則「已說宗等如是多言開悟他時說名能名」一句直讀；文義欠順暢（按：前有「已說」，後又云「說名」不合漢文語法），故今論文依呂澂《因明入正理論講解》本。

(2)據《藏要》校梵、藏二本，「說名能立」句，彼云：「說明爲支」。

〔一〕概述：本章是闡述「八義」中的「能立」義的。上文四節分別解釋「能立」的結構，以及「宗支」、「因支」、「喻支」各別有關的規律、理論與邏輯概念問題。今此第五節，作用在「總結成前」，內容有「總結部分」和「舉例成前部分」。「已說宗等」，「等」字指「因支」和「喻支」。如是「宗」、「因」、「喻」三支（每支都運用語文表達，如前所謂「宗等多言名爲能立」，故說「多言」）有悟他的效用，所以得符合「能立」的要求。跟着便是「成前部分」。前文分別概述了「宗支」、「因支」（本文用「宗法」一詞，以「因」遍具「宗法性」故）、「同法喻」（本文用「隨同品」一詞，以「同法喻」的特色是「說因，宗（〔同品〕）所隨（〔逐〕）」故）、「異法喻」（本文用「遠離」一詞，以「異法喻」的特色是「宗無，因不有」，「宗異品」必與「因」相離故）等四部分，今一一舉實例以顯明之。此四部分合成「三支」（因「喻支」分「同法」與「異法」故），此「三支」的實例，即是以「開悟他人」爲目之「能立」的實例。

〔二〕舉例成前：今把論文所舉的實例，依「宗」、「因」、「喻」三支四部，（假設有佛弟子對聲生論者立量）簡列如下：

宗：聲是無常。

因：所作中故。

- 喻
  - 同法喻
    - 喻體：若是所作，見彼無常，
    - 喻依：譬如瓶等。
  - 異法喻
    - 喻體：若是其常，見非所作，
    - 喻依：如虛空等。①

在舉例之後，再加「唯此三分，說名能立」逐句按語，以作牒結。文中所謂「三分」意指「宗」、「因」、「喻」三支，所言「唯」字，依窺基《大疏》說，是「遮遣餘審察等，及與合、結」。因外道與因明古師於對辯立破前，多加「審察支」，如熊十力《因明大疏刪注》舉例云：

「如佛家審聲論師云：『汝立聲爲常耶？』

聲師答之：『如是。聲是常住，無觸對故，譬如虛空。』

佛家審定彼宗已，即反詰云：『汝何所欲？汝豈不見「聲是無常，所作作性故，如瓶等」耶？』……」②

陳那「新因明」以「審察支」非「能立」之基本論式的組成部分，故不取。至於「合」、「結」則屬「古因明五支作法」的末二支，例已見前，今再舉以明之：

宗：聲是無常，
因：所作性故。
喻（用同喻式）：猶如瓶等，於瓶見是所作與無常。
合：聲亦如是，是所作性，
結：故聲是無常。
喻（用異喻式）：猶如空等，於空見是常住與非所作。
合：聲不如是，是所作性，
結：故聲是無常。③

「陳那新因明」，以「因」表「因第一相」，「喻」表「因第二、三相」，三相具足，證成「宗義」，故「宗、因、喻三支」已成「能立」，不必「合」、「結」，故「唯取三支」。

又「新因明」的「能立」雖訂明「三支」爲標準的論式，可是在對辯的時候，「喻支」往往是可以省略的，如窺基依《正理門論》，分成下列各種表達的論式④：

別式一、略「同喻體」、「異喻體」、「異喻依」：

宗：聲是無常，

因：所作性故，

喻：如瓶盆等。

別式二、略「異喻體」、「異喻依」：

宗：聲是無常，

因：所作性故，

喻：若是所作，見彼無常，如瓶、盆等。

別式三、略「同喻體」、「同喻依」：

宗：聲是無常，

因：所作性故，

喻：若是其常，見非所作，如虛空等。

別式四、全略「喻文」：

宗：聲是無常。

因：所作性故。

如是略式，只要敵、證兩者已曉其「能立」的「三相具足之因」，便可以隨機取捨。

【註釋】

①「同喻體」與「異喻體」的表達方式是不同的。「同喻體」言「若是所作，見彼無常」，在排列方面是「先因（所作）後宗（無常）」因其目的在「以因（證）成宗」所以先言「所作」，後言「無常」；而「所作」與「無常」之間的「不相離性」之判斷命題，是運用「合作法」，因爲「所作」是「無常」的充足條件，「所作」的「外延」少於「無常」，又爲要「順成」宗義（以「若所作，則無常」爲所依據的原理，以推證「聲是所作」，故「聲是無常」），因此必須運用「合作法」。「異喻體」則不然，如論文所舉例子：「若是其常，見非所作」，那是「先宗後因」，兩者之間「不相離性」的判斷方式是運用「離作法」的。因爲「異喻」的目的在「止濫」，不許「宗異品」含有彼「因」，故一方面需

要先言「宗」（無宗之處），後言「因」（無因之處），故「先宗後因」；一方面不許兩者結合（若「異品有因」，則不能「止濫」，有違「異品遍無」這「因第三相」的法則），所以用「離作法」，依此之故，論文把「異法喻」的例子「若是其常，見非所作，如虛空者」說名爲「是遠離言」。

②熊十力《因明大疏刪注》，頁四二，商務版。

③例取自呂澂《因明綱要》，頁五，商務版。

④窺基《大疏》，《大正藏》卷四四、頁一一二至一一三。所舉別式，作者微有修訂，例子亦由作者自行補足。

疏中又載，古師難云：「應唯二支，何須二喻？」陳那釋云：「事雖實爾（二喻即因，宗因已足），然此因言，唯爲了是宗法性（顯因第一相），非爲顯了同品、異品有性、無性（即不顯因第二、三相），故須別說同異喻言。」由此可知「因後二相」，由喻支所顯。若了「因之三相」，略喻無妨。

佛家經論

導讀叢書

集合十幾位佛教學者的傾力巨作

精選數十種佛家重要經論

《佛家經論導讀叢書》精選數十種佛家重要的經論，編成叢書出版，有系統地引導讀者來研讀佛家重要的經論，叢書種類包括：小乘、大乘、空宗、有宗、顯乘、密乘，規模非常可觀。

《佛家經論導讀叢書》中各書的編排順序，乃是依照由淺入深的閱讀程序而制定，能讓讀者循序而入佛陀智慧大海，不僅能對佛學發展的脈絡一目瞭然，亦能體會佛陀宣說一經的用意，以及菩薩演繹一論的用心所在。

叢書內容，除了詮釋及講解各個經論外，更重要的，還指出一經一論的主要思想，以及產生這種思想的背景；同時，交代其來龍去脈，深具啓發承先的作用。

本套叢書之編輯委員包括：羅時憲、馮公夏、李潤生、談錫永四位資深的佛教學者；而導讀作者則包括羅時憲、談錫永、高永霄、釋素聞、李潤生、王頌之、趙國森、劉萬然、黃家樹、羅錦堂、屈大成、釋如吉……等數十位優秀佛學研究者。

《佛家經論導讀叢書》是套非常值得現代佛子們閱讀與收藏的重要典籍，以及修行不可或缺的指導叢書。

出版叢書內容

二十種佛家重要經論的導讀書籍，共計二十五冊。

第一部

書　名	導讀者	出版日期
1.雜阿含經導讀	黃家樹	$450（已出版）
2.異部宗輪論導讀	高永霄	$240（已出版）
3.大乘成業論導讀	王頌之	$240（已出版）
4.解深密經導讀	趙國森	$320（已出版）
5.阿彌陀經導讀	羅錦堂	$320（已出版）
6.唯識三十頌導讀	李潤生	$450（已出版）
7.唯識二十論導讀	李潤生	$300（已出版）
8.小品般若經論對讀上冊	羅時憲	$400（已出版）
9.小品般若經論對讀下冊	羅時憲	$420（已出版）
10.金剛經導讀	談錫永	$220（已出版）
11.心經導讀	羅時憲	$160（已出版）

第二部

書　名	導讀者	出版日期
12.中論導讀上冊	李潤生	$420（已出版）
13.中論導讀下冊	李潤生	$380（已出版）
14.楞伽經導讀	談錫永	$400（已出版）
15.法華經導讀上冊	釋素聞	$220（已出版）
16.法華經導讀下冊	釋素聞	$240（已出版）
17.十地經導讀	劉萬然	$350（已出版）
18.大般涅槃經導讀上冊	屈大成	$280（已出版）
19.大般涅槃經導讀下冊	屈大成	$280（已出版）
20.維摩詰經導讀	談錫永	$220（已出版）
21.菩提道次第略論導讀	釋如吉	$450（已出版）
22.密續部總建立廣釋導讀	談錫永	$280（已出版）
23.四法寶鬘導讀	談錫永	$200（已出版）
24.因明入正理論導讀上冊	李潤生	$240（已出版）
25.因明入正理論導讀下冊	李潤生	$200（已出版）

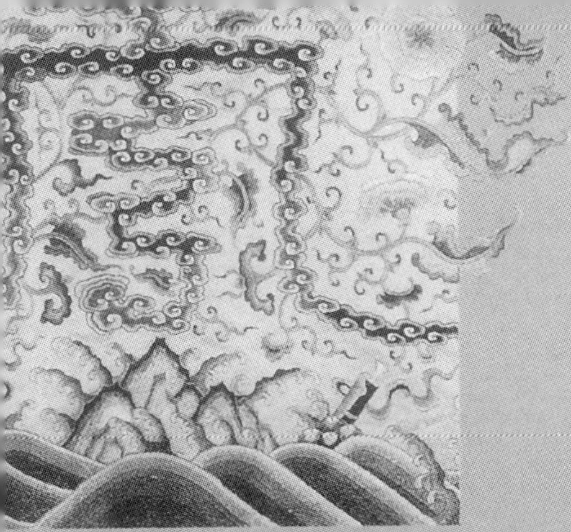

維摩詰經
導讀

自古以來，佛教界對《維摩詰經》的研究即相當盛行，
因此，世人對本經信仰上的持誦、崇拜亦多極深篤。
本經內容旨在闡述維摩詰居士所證之不可思議解脫法門。
基於般若性空的思想，
以闡揚大乘菩薩之實踐道，
為繼《般若經》後，初期大乘的重要經典。

主編／導讀者 談錫永

20
佛家經論導讀叢書

定價 / 220 元

菩提道次第略論 導讀

《菩提道次第略論》
為西藏黃教（格魯派）創始人宗喀巴大師所作，
乃節錄自《菩提道次第廣論》的基本內容而成。
本論基於顯教而闡說佛道修習的次第，
由淺入深總攝佛教的要義，
是藏傳佛教格魯派的重要典籍。

主　編　談錫永
導讀者　釋如吉

21
佛家經論導讀叢書

定價 / 450 元

密續部總建立廣釋

導讀

《密續部總建立廣釋》，
為格魯派創始人宗喀巴大士的主要弟子克主傑所著。
本論所詮釋的，即是依論主的觀點，
分別說明四續部中每一續部的成立根據。
讀者藉由此書，不僅能得知每一續部的修持特色，
更能充分瞭解密乘的整體脈絡。

主編／導讀者　談錫永

22

佛家經論導讀叢書

定價 / 280 元

四法寶鬘 導讀

《四法寶鬘》係龍青巴尊者的大圓滿系列著作之一，
而西藏學者實視之為學大圓滿法之入門指南。
本書內容詳述小、大、密三乘的修行次第，
並且依佛家五種見地作一層一層的抉擇。
本書非常有助於讀者對寧瑪派思想源流，
有清楚完整的認識。

主編／導讀者 談錫永

23

佛家經論導讀叢書

定價 / 200 元

佛家經論導讀叢書㉔

因明入正理論導讀上冊

主編／談錫永
導讀者／李潤生
發行人／黃瑩娟
執行編輯／林麗淑
出版者／全佛文化事業有限公司
台北市松江路69巷10號5F
永久信箱／台北郵政26-341號信箱
電話／（02）25081731　傳眞／（02）25081733
郵政劃撥／19203747　全佛文化事業有限公司
E-mail／buddhall@ms7.hinet.net

行銷代理／紅螞蟻圖書有限公司
台北市內湖區文德路210巷30弄25號
電話／（02）27999490　傳眞／（02）27995284

初版／1999年9月
定價／新台幣240元

國家圖書館出版品預行編目資料

因明入正理論導讀上册／李潤生導讀.　--初版. --臺北市：全佛文化，1999［民88］
册；　公分.--(佛家經論導讀叢書；24)
ISBN 957-8254-52-0（平裝）

1.因明（佛教）

222.96　　　　88011683